Fernanda Costa dos Santos

Medienpädagogik und gesellschaftliche Entwicklung

Fernanda Costa dos Santos

Medienpädagogik und gesellschaftliche Entwicklung

Der Einfluss kultureller Projekte auf gemeinschaftliche Selbstorganisation und Kommunikationsstrukturen

Mit einem Geleitwort von Prof. Dr. Thomas A. Bauer

VS RESEARCH

Bibliografische Information der Deutschen Nationalbibliothek
Die Deutsche Nationalbibliothek verzeichnet diese Publikation in der
Deutschen Nationalbibliografie; detaillierte bibliografische Daten sind im Internet über
<http://dnb.d-nb.de> abrufbar.

1. Auflage 2009

Alle Rechte vorbehalten
© VS Verlag für Sozialwissenschaften | GWV Fachverlage GmbH, Wiesbaden 2009

Lektorat: Dorothee Koch / Dr. Tatjana Rollnik-Manke

VS Verlag für Sozialwissenschaften ist Teil der Fachverlagsgruppe
Springer Science+Business Media.
www.vs-verlag.de

Umschlaggestaltung: KünkelLopka Medienentwicklung, Heidelberg
Gedruckt auf säurefreiem und chlorfrei gebleichtem Papier
Printed in Germany

ISBN 978-3-531-16878-4

Geleitwort

Die Tatsache, dass eine junge Wissenschafterin mit brasilianischem Lebenshintergrund in Österreich studiert und sich zur Entwicklung der Gesellschaft in Bosnien wissenschaftlich fundierte Gedanken macht, verdient Aufmerksamkeit. In dieses Gemenge von Ländern, Kulturen und Gesellschaften mischt sich eine interessante wissenschaftliche Fragestellung: Welche Rolle spielen Medien in Gesellschaften, die sich nach Krieg und Zusammenbruch rekonstruieren und rekonstituieren? Die Frage wird nicht irgendwie allgemein erörtert, sondern konzentriert sich auf einen zunächst ungewöhnlichen, einen medienpädagogischen Fokus: Medienbildung als Ressource für den sozialen und kulturellen Aufbau (Wiederaufbau – insoweit es Bosnien betrifft) einer Gesellschaft.

Fernanda Costa dos Santos verfolgt diesen Gedankengang mit Hilfe von in der Kommunikations- und Sozialwissenschaft schon etablierten Konzepten: Community Building (Scott Peck), Selbstorganisation und Selbstbeobachtung (Manfred Faßler). In diesen Pozessen spielen Medien die Rolle des Ortes der sozialen Begegnung und des kulturellen Austausches. Experten, die in Bosnien wie in vielen anderen Ländern Südosteuropas in den diversen Medienzentren ihre überaus engagierte Arbeit tun, leisten nicht nur in der Praxis der Medienbildungsarbeit, sondern auch durch Konzeptarbeit, Forschung und Lehre wissenschaftlich verwertbare Beiträge. Kulturelle Events, in denen spezielle Medienformate, vor allem der Dokumentarfilm, substanzielle Beiträge zur kulturellen Konzeption eines Landes liefern, sind eine weitere Säule in der Architektur des sozialen Wiederaufbaus.

Das Verdienst dieser hier vorliegenden Forschungsarbeit liegt vor allem darin, die Gedankengänge des Konzepts der Community Buildings und der Selbstorganisation über den Weg kritischer Selbstbeobachtung am Beispiel Bosniens nachzuvollziehen und dadurch den Weg Bosniens – zumindest in diesem hier thematisierten Zusammenhang – zu legitimieren. Dies erreicht Fernanda Costa dos Santos durch eine Reihe engagierter Interviews mit einschlägigen Experten wie auch durch eine exemplarische Inhaltsanalyse einer Dokumentation, die unter dem Begriff „Revival" eben genau das thematisiert, was solche Länder zwischen Wiederaufbau und Transition in Bewegung hält: die Wiederbelebung des Gemüts der Gesellschaft.

Es bleibt zu wünschen, dass alle Leserinnen und Leser, vor allem jene aus den betroffenen und verwandten Gebieten (Bosnien, Medienbildungsarbeit, Kulturarbeit) in der hier vorgestellten Analyse von Fernanda Costa dos Santos, gerade weil sie aus der Ressource der Diversität der kulturellen Zugänge zu dieser Thematik schöpft, ein Modell erkennen können, das alle Mühe, die es kostet ein Land nach dem Zusammenbruch wieder auf die Beine zu stellen, lohnt. Mit dieser Erwartung habe ich die Arbeit von Fernanda Costa dos Santos begleitet. Sie wurde erfüllt, wofür ihr zu danken ist. Und mit dem Wunsch dieser Perspektive empfehle ich die Lektüre dieser Arbeit.

O. Univ. Prof. Dr. Thomas A. Bauer, Universität Wien

Vorwort

Manche erwarten ein Wunder, das leider nicht geschieht, und verlassen ihr Land ohne konkretes Ziel. Ich bin eine Brasilianerin, die seit 4 Jahren in Österreich wohnt, in Bosnien geforscht und schon wieder die Koffer gepackt hat, um von nun an in der Schweiz zu leben. Gerade jener multikulturelle persönliche Hintergrund machte es mir möglich, diese Arbeit zu verwirklichen.

In einem Gebiet, das sich gerade in der Nachkriegsphase befindet, über Frieden zu sprechen, über die pädagogische Nutzung der Medien in einer Gesellschaft, in der Jugendliche Angst vor der Zukunft haben und sich kaum mehr selbst vertrauen, zu räsonieren, Gemeinschaftsbildung zu theoretisieren, wenn die Bürger am liebsten alle das Land verlassen möchten, war sicher eine große Herausforderung, die ich nicht allein in 10 Monaten hätte leisten können.

Mein besonderer Dank gilt: Meinen Eltern, Gidalva und Francisco, Menschen, die im Namen des Friedens eine wertvolle Familie gründeten. Cléia, Cláudia und Cleide, meinen Schwestern, die damit fortfahren. Meine Familie ist in jedem Moment meines Lebens an meiner Seite.

Stephan Wüthrich, meinem Mann, mit dem ich meinen Traum, eine bessere Welt zu schaffen, teile. Er gibt mir Inspiration und nährt meine Seele. Einige Reflexionen in dieser Arbeit entstanden während unserer zahlreichen Gespräche.

Herrn Prof. Dr. Thomas A. Bauer für seine herausragende, kompetente und freundliche Betreuung. Sein reiches Wissen begeistert und animiert mich, immer weiter zu forschen.

Herrn Prof. Dr. Hannes Haas für die sehr gute Unterstützung am Magisterseminar.

Herrn Prof. Dr. Daniel Süss, Privatdozent an der Universität Zürich, der sich freundlicherweise Zeit für ein Experteninterview nahm.

Dem Team des Mediacentar in Sarajevo, besonders dessen Programmdirektor, Dr. Tarik Jusic. Seine Unterstützung öffnete mir die Türen in Bosnien.

Den Produzenten des Dokumentarfilms Revival, Danica Curcic und Kirsten Astrup und der Leiterin des Projekts "This is" Eva Wilson, die sich liebenswürdigerweise in Berlin Zeit nahm.

Lejla Jaganjac und ihrer Familie für die freundliche Unterstützung während meiner Forschungen in der Republik Bosnien und Herzegowina.

Anna Tina Wüthrich für ihre liebe und sehr kompetente Unterstützung. Sie war diejenige, die mich in den stressigsten Momenten beruhigte.

Ebenso gilt mein herzlicher Dank insbesonders Ana Cláudia Fernandez, Johannes Geist, Kátia Hofacker und Peter Straub sowie all jenen, die sich für das Thema meiner Arbeit interessieren, mich unterstützten und – so wie ich – daran glauben, dass es sich lohnt für Frieden und Chancengleichheit zu kämpfen.

Fernanda Costa dos Santos

Inhaltsverzeichnis

Abbildungs- und Grafikverzeichnis

Abbildungen

Grafiken

Formulierungshinweise

Einige Interviews wurden in Englisch geführt und absichtlich nicht ins Deutsche übersetzt, damit wesentliche Aussagen nicht verloren gehen. Der Dokumentarfilm wurde ins Englische transkribiert.

Aus Gründen der einfacheren Lesbarkeit wurde auf die geschlechterspezifische Schreibweise verzichtet. Es gilt die gewählte Bezeichnung sinngemäß für die weibliche und männliche Form.

1 Einführung

Nach Katastrophen müssen betroffene Länder wieder aufgebaut werden. Neben Erdbeben, Bombenattentaten und Überflutungen legen auch Kriege Städte in Schutt und Asche. Der Wiederaufbau ist nicht nur hinsichtlich der Infrastruktur notwendig, sondern auch in Bezug auf Gedanken, die zu einem Weiterkommen führen sollen. Dafür sollte eine Gesellschaft nicht nur von den Behörden Hilfe erwarten, sondern auch innerhalb ihrer jeweiligen Gemeinschaften lernen, *wie* sie sich neu organisieren können und *was* sie rekonstruieren wollen. So können die Mitglieder einer Gesellschaft herausfinden, worüber, auf welche Weise und aus welchem Grund sie sich miteinander verständigen sollen. „Was eine Gemeinschaft werden will, muss sich in den Bahnen gesellschaftlicher Strukturen entwickeln" (Bauer b, 2006, S. 21). Ob sie sich gemeinschaftlich oder allein organisieren sollen, wissen wahrscheinlich die Wenigsten. Viele, besonders junge Menschen, vertrauen auf ihre eigene Kraft und fliehen ins Ausland. Dabei sind gerade sie so wichtig, um in der Hoffnung auf einen Wiederaufbau neue Ideen zu entwickeln und eine bessere Zukunft zu schaffen. Dennoch ist die Auswanderungsrate nach einem Krieg zumeist gerade unter jungen Menschen sehr hoch.

Ob sie nun Angst vor der Zukunft haben (manchmal mangels Selbstvertrauen) oder ein besseres Leben im Ausland anstreben (was nicht immer gelingt), sie lassen in jedem Fall die Chance, wieder eine bessere Heimat aufzubauen, hinter sich. Manche warten auf ein Wunder, welches natürlich leider nicht passiert, und verlassen ihr Land ohne konkretes Ziel.

In meiner Arbeit nehme ich die Frage auf, **wie das *Community-Building-Konzept* zur Selbstorganisation und zum Wiederaufbau zerstörter Gesellschaften beitragen kann**. Dabei gehe ich von folgender These aus: *„Learning can be passive or experiential. Experiential learning is more demanding but infinitely more effective. As with other things, the rules of communication and community are best learned experientially"* (Peck, 1998. S. 84). *„The principles of good communication are basic principles of community-building"* (Peck, 1998. S. 83). Vor diesem Hintergrund stellt sich auch die Frage, **inwiefern Medien zur Selbstorganisation einer Gemeinschaft beitragen**.

Bei der Bearbeitung dieses Konzepts konzentriere ich mich besonders auf die Bedeutung des *Community Building* und die Phasen der Entstehung von Gemeinschaften. Zum einen gehört *Community Building* zur Selbstorganisation und dem

Wiederaufbau der Kommunikationsstrukturen in Gesellschaften (z.B. in Kriegs-gebieten).

Zum anderen ist Kommunikation als wichtiger Bestandteil des *Community Building* Voraussetzung für die Klarheit im Prozess der Entstehung einer Gemeinschaft.

Ich konzentriere mich außerdem auf Begriffe und Aufgaben der Medienpä-dagogik und den Prozess der Bildung durch Medien mit der Fragestellung: **In-wiefern kann Medienpädagogik eine aktive Unterstützung für die Selbstor-ganisation einer Gemeinschaft sein?** Als Schwerpunkt möchte ich die Selbst-organisation und den gesellschaftlichen Wiederaufbau durch Medien als Bil-dungsmittel behandeln.

Der kommunikationswissenschaftliche Inhalt der Problemstellung wird deut-lich, sofern man das Verhältnis zwischen dem Konzept von Medien, Medienpä-dagogik, *Community Building* und Selbstorganisation versteht. Das Verstehen dieses Verhältnis führt dazu, dass man es reflektieren und die Forschungsfragen konkreti-sieren kann. Die Kommunikationspraxis, zu der die Medienpädagogik gehört, ist eine Teildisziplin der Kommunikationswissenschaften (Studienrichtung Publizis-tik- und Kommunikationswissenschaft).

1.1 Erklärung der Behauptung

Ich stütze mich bei meiner Untersuchung auf die Theorien des *Community Buil-ding* und der Medienpädagogik. Die Behauptung, dass kulturelle Projekte als Bildungsmittel für die Selbstorganisation und den Wiederaufbau der Kommuni-kationsstrukturen in Gesellschaften, die durch Kriege zerstört wurden, dienen, ist demnach folgendermaßen zu verstehen: Der Begriff Medium beschränkt sich auf kulturelle Projekte.

Die Begriffe „Selbstorganisation" und „Wiederaufbau der Kommunikati-onsstrukturen" werden gemäß dem Modell *Community Building* von Scott Peck[1] und Faßler verwendet und nach Bauer ergänzt. „Die Gesellschaft, in der wir leben, ist kommunikativ konstituiert, das heißt: Sie organisiert sich in Strukturen von Kommunikation und sie besteht nur als kommunikatives Gebilde, sie ist ein kommunikatives Konstrukt" (Bauer, 2006, S. 46). Als Beispiel für eine Gesell-schaft, die durch Krieg zerstört wurde, habe ich Sarajevo (Republik Bosnien und Herzegowina) gewählt, wo von 1992 bis 1995 Krieg herrschte.

---

1   Peck, M. Scott (1998): The Different Drum. Community Making and Peace. New York (Touch-stone Book)

1.2 Untersuchungsgegenstand

Im Zentrum meiner Beobachtungen steht eine Post-Konflikt-Gesellschaft. Ich werde dabei vor allem auf die unterstützende Rolle der Medien in diesem Zusammenhang eingehen. Bei einem Forschungsseminar bin ich auf das Revival Festival gestoßen, welches 2005 in Sarajevo stattgefunden hat. Zwar gibt es andere kulturelle Projekte, die bekannter sind als dieses Festival, so z. B. das „Sarajevo Film Festival" und das „Sarajevo Winter Festival", die beide jedes Jahr stattfinden. Jedoch hat gerade dieses multimediale kulturelle Projekt, welches eben nur einmal stattgefunden hat, meine besondere Aufmerksamkeit erregt. Das Motto "We don´t need to be known in the world only by the war", wie auch die große multimediale Bandbreite und die Zielgruppe haben mein Interesse geweckt. Das *Revival Festival* fand anlässlich des Wiederaufbaus des Jugendhauses *Dom Mladih*, das im Krieg zerstört worden war, statt.

Während des Krieges sind wichtige Begegnungsstätten zerstört worden – Orte, an denen Jugendliche sich treffen und selbst organisieren, über die eigene Gemeinschaft nachdenken und zusammen Auswege finden konnten und wieder könnten. Das *Dom Mladih* hat diese Funktion vor dem Krieg erfüllt.

Das Festival wurde von einer Gruppe mit Fotos und Filmen dokumentiert. Es bot die Möglichkeit, die Strukturen gesellschaftlicher Kommunikation zu beobachten und über die gemeinschaftlichen Strukturen nachzudenken, die wieder aufgebaut werden müssen. Deshalb habe ich in der Analyse meine größte Aufmerksamkeit dem Dokumentarfilm *Revival* gewidmet.

Nach vier Monaten der Konzeption habe ich im März 2008 in Berlin mit zwei der Produzentinnen des Dokumentarfilms gesprochen. Im April 2008 war ich zehn Tage in Sarajevo. Dort führte ich einige Interviews, um die Realität der Gesellschaft besser zu verstehen. Anschließend habe ich in der Schweiz mit dem Experten Daniel Süss noch einige wichtige Aspekte erörtert.

Das *Revival Festival* bot als Kommunikationsmittel die Möglichkeit zu zeigen, worauf die Gesellschaft achten sollte und wie sie sich vernetzen kann. Es brachte regionale Künstler, Schauspieler, Produzenten und andere Menschen zusammen und die Teilnehmer hatten die Gelegenheit, ihr Potenzial und die Möglichkeiten, dieses auszuschöpfen, kennenzulernen. Solche Initiativen können die Gesellschaft nachhaltig stärken, insbesondere Jugendliche motivieren, aber durchaus auch Firmen und staatliche Organisationen zusammenbringen.

Untersuchungen solcher Projekte können sich wiederum positiv auf die Probleme der betroffenen Gesellschaften auswirken, da sie die Wichtigkeit der Thematik ins Bewusstsein bringen. Diese Untersuchung könnte quasi ein Kommunikationsmodell darstellen, das später auch für andere Arten von Zerstörung in verschiedenen Gesellschaften verwendet werden könnte. Wie sich Gemeinschaften selbst organisieren, ihre Ziele bestimmen und eine neue Zukunft entwerfen können, wird im Rahmen dieser Arbeit reflektiert.

Diese Arbeit ist das Ergebnis einer Reflexion, die sowohl wissenschaftliche als auch persönliche Fragen beantwortet hat, weil sie von Individuen in der Gesellschaft handelt. Ich bin von der Möglichkeit überzeugt, dass Individuen – alleine oder in der Gemeinschaft – eine bessere und friedlichere Gesellschaft gründen können. Jeder Mensch kann bedrohliche Zustände ändern. Wer im Sinne der Friedensförderung einen Beitrag leisten möchte, hat dazu täglich die Chance.

2 Community Building

2.1 Voraussetzungen für die Entstehung einer Gemeinschaft

Um die Forschungsfrage, wie *Community Building* zur Selbstorganisation und zum Wiederaufbau zerstörter Gesellschaften beiträgt, beantworten zu können, wurde das Konzept des Psychoanalytikers Scott Peck[2] verwendet. Es handelt sich dabei um ein Konzept, das u. a. Kommunikationsansätze beinhaltet.

Deutliche Kommunikationsansätze sind eine Voraussetzung für die Entstehung einer Gemeinschaft und die Förderung eines gemeinschaftlichen Gedankens, der die Individuen interessierter und engagierter macht. Flüssige und offene Kommunikation ist Bestandteil einer echten Gemeinschaft. (Vgl. Peck, 1988. S. 83)

Oft ist es Menschen nicht bewusst, dass diese Ansätze notwendig sind, weshalb es wichtig ist, die Kommunikationsregeln und die *Community Building*-Regeln zu erlernen und gemeinsam zu üben. Eine echte Gemeinschaft ist erst dann möglich, wenn Regeln und Gesetze festgelegt werden, die von der Gemeinschaft selbst erarbeitet wurden. *„Learning can be passive or experiential. Experiential learning is more demanding but infinitely more effective. As with other things, the rules of communication and community are best learned experientially."* (Peck, 1988. S. 84). Ein wichtiges Element für eine funktionierende Gemeinschaft ist Ehrlichkeit. In einer Gemeinschaft sollte es für Überheblichkeit keinen Platz geben, zumal ja die Menschen gleichermaßen voneinander abhängig sind.

Laut Autor ist es möglich, nicht allein aufgrund von Krisen Gemeinschaften zu gründen. Es stimmt, dass echte Gemeinschaften dazu da sind, Krisen zu bewältigen. Er kritisiert aber, dass sich die Gemeinschaft sofort wieder auflöst, wenn die Krise vorbei ist. In Kriegsgebieten sieht man zum Beispiel, dass nach oder während des Konflikts Hilfe (z. B. Nahrungs- und Arzneimittel) als „first aid" aus verschiedenen Ländern kommt und die Gemeinschaften einander helfen. Sobald der Konflikt vorbei ist, sinkt das Kollektivitätsgefühl und die Menschen konzentrieren sich wieder auf ihr eigenes Leben.

Für die gesellschaftliche Entwicklung ist es wertvoll, gemeinsame Initiativen auch außerhalb von Krisensituationen zu fördern. Deshalb ist es sinnvoll, dieses Konzept, das davon ausgeht, dass Gemeinschaften nicht nur in Konfliktsituationen entstehen bzw. fortbestehen können, für diese Untersuchung zu verwenden.

---

2   Peck, M. Scott (1998): The Different Drum. Community Making and Peace. New York (Touchstone Book)

Es ist wichtig zu erwähnen, dass das Zusammenbringen eine Anzahl von Menschen nicht gleichbedeutend mit Gemeinschaft ist. Weitere wichtige Ansätze sind die Kompromissbereitschaft und der Respekt dem Prozess der Gemeinschaftsentstehung gegenüber. In einem Sportstadion beispielsweise sind Fans für die Dauer eines Spiels „zusammen" und halten zur gleichen Mannschaft. Nach dem Spiel aber gehen sie auseinander, ohne dass notwendigerweise eine Interaktion stattgefunden hat. Es hat sich keine Gemeinschaft gebildet.

Im Prozess der Gemeinschaftsbildung ist es wichtig, dass individuelle Unterschiede in einem ersten Schritt an die Oberfläche gelangen, betrachtet und diskutiert werden, sodass die Gruppe lernen kann, diese zu akzeptieren, zu respektieren und schließlich über sie hinaus zu wachsen. Die Wertschätzung der Unterschiede ist das wichtigste Element, um diese beiseite lassen zu können (vgl. Peck , 1998, S. 257). Dafür ist ein großes Maß an Kompromissbereitschaft unter den Mitgliedern einer Gemeinschaft, sowohl sich selbst als auch der Gruppe gegenüber, erforderlich. Nur so ist es möglich, als Gemeinschaft zu bestehen, Ziele zu etablieren und diese gemeinsam zu erreichen.

Die Gemeinschaft muss auf jeden Fall offen für jedermann sein. Inklusivität, Verantwortlichkeit und Konsens sind weitere Grundkonzepte, die für die Entstehung einer echten Gemeinschaft notwendig sind. Niemand soll bestimmte Kriterien erfüllen müssen, um Teil einer Gemeinschaft sein zu „dürfen". Exklusivität kann in diesem Fall eine kontraproduktive Wertehaltung sein. Es ist unwichtig, ob man mehr oder weniger Geld hat, gute oder schlechte Ideen mitbringt oder bestimmte Fähigkeiten hat. Wichtig ist, dass die Leute gemeinsam etwas gründen, unterhalten, ändern oder beibehalten wollen.

Community Building setzt Zeit und Bemühungen voraus, und eine echte Gemeinschaft besteht solange ohne Konflikte, wie sie sich nicht um die Konfliktvermeidung sorgt, sondern einfach handelt. Sobald eine Gemeinschaft existiert, hat sie gute Voraussetzungen zur Selbstorganisation und zum Wiederaufbau. *„Community Building first, problem-solving second"* (Peck, 1988. S. 104). In diesem Sinn und im Gegensatz zu hierarchischen Strukturen ist eine Gemeinschaft mehr als nur die Summe ihre Teile. Eine Gruppe wird zu einer Gemeinschaft „through a process of cutting and polishing". Dabei entsteht Neues, das ständig verändert, verbessert und gepflegt wird.

Ähnliches kann mit Menschen in einer Gemeinschaft geschehen, vor allem wenn man glaubt, dass alles, was gemeinsam entschieden wird, bessere Ergebnisse liefert. Das ist eine individuelle Entscheidung, die sich während dieses Prozesses entwickelt.

Ziele, die von einer Gemeinschaft erreicht werden, sind aber nicht von Dauer, wenn sie nicht gepflegt werden.[3] Deshalb ist auch die Selbstreflektion von

---

3   Unterstützung zur Aufrechterhaltung einer Gemeinschaft (Vgl.Kapitel 4 bzw 4.3)

Anfang an erforderlich. Die Abhängigkeit der Menschen voneinander setzt voraus, dass eine Gemeinschaft sich permanent reflektiert. Dies erlaubt den Mitgliedern, ihre Abhängigkeit anzuerkennen. *„Be fully aware of human variety, and you will recognize the interdependence of humanity"* (Peck, 1988. S. 104).

„The community building requires self-examination from the beginning (...) the spirit of community once achieved is not then something forever obtained. Its not something that can be bottled or preserved in aspic. Its repeatedly lost (...) no community can except to be in perpetual good healthy." *(Peck, 1998, S. 66)*

Gemeinsame Entscheidungsprozesse gehören zur Entstehung einer Gemeinschaft. Minderheiten und Respekt gegenüber dem „Diversity Aspekt" sind deshalb Stichwörter in einem friedlichen und zielorientierten gesellschaftlichen Prozess.

Minderheiten müssen berücksichtigt werden. Peck glaubt an Konsens statt an Demokratie und nennt die „Mehrheitswahl" eine primitive Methode, bei der die Mehrheitsregeln alles bestimmen können und nicht berücksichtigt wird, wonach die Minderheiten streben. (Vgl. Peck, 1998, S. 63)

„Decisions in genuine community are arrived at through consensus, in a process that is not unlike a community of jurors, from whom consensual decision making is mandated". *(Peck, 1998, S. 65)*

Wenn eine Gruppe durch eine Gemeinschaft verbunden ist, besteht nach Peck das Gefühl „I feel safe here". Während eines Kriegs passiert es oft, dass man nachbarschaftlich zusammenhält. Man kooperiert miteinander, teilt miteinander und unterstützt sich gegenseitig. „Man kann sein Leben den anderen in die Hände legen, wenn es notwendig ist[4] Wenn der Krieg vorbei ist, ist auch die Kooperationsstimmung vorbei, und es passiert sogar, dass die Mitglieder einer Gruppe nicht mehr miteinander sprechen. Das ist dann natürlich keine Gemeinschaft mehr im Sinne von Peck.

In einer Gemeinschaft sollte jeder Mensch die eigene Persönlichkeit zur Geltung kommen lassen und Entscheidungen individuell und freiwillig treffen können. Besteht diese Freiheit, so kommt es gerade deswegen erst gar nicht dazu, andere Menschen kontrollieren oder verändern zu wollen.

In diesem Sinn ist eine Gemeinschaft ein sicherer Ort, an dem man sich wohlfühlt und mit anderen Individuen verbunden ist. Ähnlich wie in einem Laboratorium hat man die Möglichkeit, neue Erfahrungen zu machen, andere Verhaltensweisen auszuprobieren und als Mitglied einer echten Gemeinschaft die Suche nach Frieden zu praktizieren.

---

4   Zitat einer Bosnierin in Sarajevo im Gespräch über die Kriegeszeit (1992-1995). Sie bestätigt die Aussagen Pecks (vgl. Kapitel 2.3. „Leer-werden").

Tarik Jusic[5] ist mit Pecks Ansicht, dass eine Gemeinschaft ein sicherer Ort ist, nicht einverstanden:

> „Maybe some people agree with it, but I don´t. Sometimes for people who need collective confirmation, it works. Religious institutions for example. It´s relative. It happens because I am a member of this community." *(Jusic)*

Peck erwähnt, dass ein sicherer Ort nicht bedeutet, dass es keine Konflikte gibt. Eine Gemeinschaft ist ein sicherer Ort, an dem man trotzdem auch kämpfen kann. *„In genuine community there are no sides. It is not always easy, but by the time they reach community the members have learned how to give up cliques and factions. They have learned how to listen to each other and how not to reject each other. Sometimes consensus in community is reached with miraculous rapidity."* (Peck, S. 71, 1998). Die Stimmung in einer Gemeinschaft ist ausbalanciert und vermittelt den Teilnehmern Sicherheit.

Meiner Meinung nach bewirkt die Entwicklung kultureller Projekte eine Art „*Experimental Learning*", weil die Menschen zusammen Projekte realisieren können. Ein Festival bietet Menschen die Gelegenheit, einander besser kennenzulernen, Gemeinsamkeiten zu finden, Unterschiede verstehen zu lernen, gleiche Ziele zu finden und auch verschiedene Ideen auszutauschen.

Außerdem können Freundschaften geknüpft und die Abhängigkeit in der Realität ausgeübt werden. Darum glaube ich, dass dieses Konzept etwas zur Selbstorganisation und zum Wiederaufbau zerstörter Gesellschaften beitragen kann. (Vgl. Kapitel 3)

Es ist ein guter Anfang, wenn Menschen offen für Selbstorganisation sind. Es gibt zwar keine festen Vorgaben, wie eine Gemeinschaft entstehen kann, einige Regeln müssen jedoch bestehen.

Um die vier Phasen der Entstehung einer Gemeinschaft verstehen zu können, ist es hilfreich, eine Gemeinschaft wie ein Laboratorium zu betrachten. Die drei Schritte „Pseudogemeinschaft", „Chaos" und „Leer-werden", die zum Entwicklungsprozess gehören, werden im Folgenden erklärt.

2.2 Pseudogemeinschaft

Unter Pseudogemeinschaft versteht man ein System, in dem die Menschen noch nicht verbunden sind, die persönliche Grenze noch nicht erkannt wurde und eine erfolgreiche Dynamik noch nicht stattgefunden hat. Die Gruppe versucht, Konflikte zu vermeiden. Man geht oft noch nicht ehrlich mit den eigenen Gefühlen um

---

5   Jusic, Tarik (2008). Experteninterview (Sarajevo, am 10., 15. und 17.04.2008)

und zeigt, dass man mit anderen Meinungen einverstanden ist – *„as if a speaker has uttered some universal truth"* (Peck, 1998, S. 89) –, damit keine Gegenvorstellung entsteht und eine scheinbar konfliktlose Situation entsteht. In diesem Sinn übernimmt die Gesellschaft oft Inhalte, die von den Medien als „universal truth" vermittelt werden. Praktische Beispiele sind in Kapitel 9 erwähnt (Beitrag 21).

> „Pseudocommunity is conflict-avoiding, true community is conflict-resolving. Once individual differences are not only allowed but encouraged to surface in some such way, the group almost immediately moves to the second stage of community development." *(Peck, 1988, S. 90)*

2.3 Chaos

In einer Pseudogemeinschaft treffen Menschen mit verschiedenen Ideen, Plänen, Einstellungen und Werten zusammen. Daraus resultiert eine Phase des Chaos. Diese Phase gehört natürlicherweise zur Entstehung einer echten Gemeinschaft dazu. Im ersten Moment möchte eine Pseudogemeinschaft diesem Chaos entfliehen, indem sie an der bestehenden Organisation festhält.

Dies ist allerdings nicht die Lösung des Problems. Hierarchische Strukturen wirken bisweilen als Belastung, wenn das Ziel die Entstehung einer echten Gemeinschaft sein soll. Vielmehr ist es an der Zeit, diese Ordnung loszulassen und „leer zu werden".

2.4 „Leer-werden"

Das „Leer-werden" ist der nächste Schritt auf dem Weg aus dem Chaos. Es ist der kritischste Schritt in der Entstehungsphase echter Gemeinschaften. Die Kommunikationsbarrieren stellen die Hauptschwierigkeit dar und müssen vermindert bzw. überwunden werden. Es ist erst möglich, problemlos zu kommunizieren, wenn man seine eigenen Barrieren aufgibt und sich der Gemeinschaft öffnet.

Es ist wichtig zu überlegen, wie ein Thema behandelt werden soll. Eine übliche Barriere sind Vorurteile gegenüber anderen Menschen, vor allem dann, wenn es um polarisierte Themen geht. Jeder Mensch hat unbewusst Vorurteile vor Unbekanntem, die sich im Rahmen der Bildung individueller Charaktereigenschaften und Erfahrungen entwickeln.

Zum Beispiel ist ein ethnisches Vorurteil, eine Antipathie die sich gegen eine Gruppe als ganzes oder gegen ein Individuum richten kann. (Vgl. Allport, 1971,

S. 23)[6]. Nach dem Informations- und Dokumentartionszentrum für Antirassismus-
arbeit in Nordrheinwestfalen (IDA-NRW), beziehen sich die Vorurteile als Ab-
grenzungsphänomen zwischen „wir" und „Ihr" auf Vorurteile gegenüber ethnischen Minderheiten. „Sie Sind aber auch auf Vorurteile gegenüber anderen gesellschaftlichen Minderheiten übertragbar"(IDA-NRW)[7]

Beim Prozess des „Leer-werdens" geht es darum, Vorurteile abzulegen und
auch für unbekannte und neue Lösungen offen zu werden, die von Mitgliedern der
Gemeinschaft kommen, die andere bzw. ihre eigenen Erfahrungen gemacht haben.

> „One reason to distrust instant community is that community-building requires time
> – the time to have sufficient experience to become conscious of our prejudices and
> then to empty ourselves of them". *(Peck, 1988, S. 96)*

Das Bedürfnis „to heal" – Ordnung zu schaffen und Probleme zu lösen – ist bei
diesem Schritt „Leer-werden" sehr stark ausgeprägt und lädt die Gemeinschaft
ein, „das Leben zu geniessen". Es ist notwendig, Kontrolle auszuüben und "Op-
fer" zu bringen. *„A group move to emptiness, a few of its members begin to share their own brokenness – their defeats, failures, doubts, fears, inadequacies, etc.
[human beings are able to die for each other]"* (Peck, 1998, S. 102f.). Eine
Gruppe, die „leer geworden" ist, ist bereit, eine Gemeinschaft zu werden.

2.4.1 Erwartungen

Wenn man über gesellschaftliche Erwartungen spricht, muss man daran denken,
dass unzählige Individuen verschiedene Erwartungen haben. Wenn diese nicht
erfüllt werden, stellt sich ein Gefühl von Enttäuschung ein. Dieses kann zweifellos einen Prozess oder eine Initiative bremsen. Ein kulturelles Projekt kann zum
Beispiel die Erwartung, dass es die Probleme der Gemeinschaft lösen kann, nicht
erfüllen.

Man muss sich dessen bewusst sein, dass aufgrund verschiedener individueller Erfahrungen und Meinungen Gelegenheiten zur Reflexion und Initiativen
unterschiedliche Erwartungen und Wünsche auslösen. Wurden Erwartungen
einmal enttäuscht, so ist es schwierig, eine neue Initiative zu entwickeln. Der
Versuch, ein bestehendes Projekt wieder aufleben zu lassen, ist noch schwieri-
ger, da er zusätzliche Barrieren mit sich bringt.

---

6   In: Selling, Anna Francisca. Interkulturelle Kommunikation im Bereich der Imigration. (Miss-)
     Verständnisse in der Kommunikation zwischen Brasilianern und Österreichern. Universität
     Wien, Diplomarbeit, 2008
7   ibd.

Am Rande soll hier noch etwas erwähnt werden, was während der Erstellung der vorliegenden Arbeit passiert ist, zumal es zum Thema Enttäuschung passt: Am 21. April 2008 wurde der damalige Repräsentant von *Ask Sarajevo*[8] per E-Mail mit der Bitte, einige Fragen zum Revival Festival zu beantworten, kontaktiert. Die Fragen lauteten: „Was war das Hauptziel des Revival Festivals?" „Welche Ziele hat das Festival erreicht, welche nicht und warum nicht?" „Warum fand es 2006 nicht erneut statt?" „Welche Pläne haben Sie für die nächste Ausgabe, sollte es eine geben, und wenn nicht, warum nicht?". Dazu kamen noch Fragen über statistische Daten und detaillierte Informationen (Anzahl der teilnehmenden Personen, parallel stattgefundene Events, Anzahl der Mitarbeiter, Partner, finanzieller Support usw.). Die Antwort hat m. E. ein eindeutiges Enttäuschungsgefühl gezeigt:

> „I really feel like Revival was unfortunately a big three-day party without actually affecting anything a whole lot. Revival was just one big (and bright) blast, but not a continuous action. There would be no point in having Revival 2 as the Youth House was renewed shortly after, and turned into one big corporate hang-out. It is as far from youth as you can get and I hope that you will understand if I simply refuse to talk about it." *(LN)*[9]

Er und viele Jugendliche haben vom Revival Festival etwas erwartet und hatten sicher etwa das leiche Gefühl. Neue Initiativen mit ähnlichen Zielgruppen müssen den Schritt „Leer-werden" stark berücksichtigen, weil die Mitglieder Gemeinschaft bereits eine Reihe von erfolglosen Erfahrungen gemacht hat.

2.5 Gemeinschaft und die Realität in Sarajevo

Auf der Suche nach einem Blickwinkel auf die Entstehung einer Gemeinschaft, der nicht von Dr. Peck[10] geprägt und näher an Sarajevos Realität ist, bin ich im Zuge des Interviews mit Dr. Tarik Jusic[11] auf interessante Überlegungen gestoßen. Er glaubt, dass eine Gemeinschaft in seinem Umfeld (Sarajevo) nicht unbedingt ein konkretes Ziel haben muss. Wahrscheinlich braucht sie eher ein allgemeines Ziel, eine Art „Pakt" untereinander. Viel wichtiger ist es seiner Ansicht nach, zwischen einer funktionierenden und einer nicht funktionierenden Gemein-

---

8   Dänische NGO (ein Team junger Menschen, das in Folge eines Forschungsprojekts in Sarajevo das Revival Festival organisiert hat.)

9   Aus Datenschutzgründen bleibt der Autor anonym.

10   Peck, M. Scott (1998). The Different Drum. Community Making and Peace. New York (Touchstone Book).

11   Jusic, Tarik (2008). Experteninterview (Sarajevo, am 10., 15. und 17.04.2008).

schaft zu unterscheiden. Er lenkt seine Aufmerksamkeit also auf das Funktionieren einer Gemeinschaft.

> „Functional peace for life with your fellow man is not goal-oriented in terms of ways to be, but it's permanent in time. If we meet each other on the street you are safe, you know that I won't attack you, I will help you." *(Jusic)*

Zur Frage, ob in Sarajevo eine funktionierende Gemeinschaft entstanden ist, meinte Jusic:

> „No. The level of social capital and social trust in this society are very low. And that's why we don't have a functional community. This is crucial, essential communication, direct interaction and participation in social activities (...) In order to develop a functional community we need open communicating structures, channels that enable people to communicate directly and we need this institution framework that forces the development of trust. Communication is crucial, but when we talk about community we have to think about it for a long time. The more functional a community is, the stronger it is to resist." *(Jusic)*

Selbstverständlich verfügen nicht alle Mitglieder einer Gemeinschaft über die entsprechende Kompetenz, sich untereinander zu organisieren. Nicht alle sind fähig zur Selbstorganisation, zur Etablierung gemeinschaftlicher Verhältnisse oder zur Erarbeitung von Ideen oder Produkten, die der gesellschaftlichen Entwicklung dienen. Laut Jusic besitzen in Sarajevo nur die wenigsten solche Kompetenzen.

Um seine Meinung über das Funktionieren der Gesellschaft Sarajevos verständlich zu machen, brachte er ein interessantes Beispiel aus Italien:

> „Compare the North and South of Italy: In the North they have top education, top readers. High social trust. Legal institutions that provide social functions. In a functional community people respect contracts – there's regulation. They earn a lot. They have a very strong culture of self-government, they develop rapidly, they build a community with high level social trust. The South of Italy is more retrograde and undeveloped, nothing works. Why? External rules. Autocratic rules. In this way the community never developed. The communication structure and cooperation structures force trust. The people distrust each other. There's no obligation among people. There's no contract. You have to develop social capital in order to live in a community."*(Jusic)*

Ich bin eher der Ansicht, dass bestimmte zielorientierte Initiativen die Entstehung einer Gemeinschaft in Sarajevo fördern könnten. Dies ist ein kontinuierlicher Prozess. Mangelndes Vertrauen kann dabei eine große Barriere darstellen. Über dieses Problem sprach ich auch mit Dr. Süss in Zürich. (Vgl. Kapitel 5.5)

3 Selbstorganisation

3.1 Konzept

In dieser Untersuchung verwende ich das Selbstorganisationskonzept als wissenschaftliche Methode. Ursprünglich wurde der Begriff „Autopoiesis" (Prozess der Selbsterschaffung/-erhaltung) von den Neurobiologen Humberto Maturana und Francisco Varela geprägt. In den 1980-er Jahren hat Niklas Luhmann den Prozess der Selbsterschaffung und -erhaltung eines Systems in ein Verfahren der soziologischen Untersuchung umgewandelt. Luhmman glaubt, dass die Kommunikation gesellschaftliche Informationen sinnvoll selektiert und die Komplexität des größten sozialen Systems (der Gesellschaft) reduziert. (Vgl. Luhmann, 1987, S. 191)

Unter Selektion versteht man hier die Beobachtung der Gesellschaft durch die Gesellschaft selbst. Dies geschieht, indem sich die Beteiligten im Zuge kommunikativer Vorgänge selbst zum Thema machen (vgl. Faßler, 1997, S. 172). Dadurch hat man die Möglichkeit, als Individuum oder als Gemeinschaft die eigene Gesellschaft zu beobachten und ein bestimmtes Segment deren Wirklichkeit zu erkennen.

> „Beobachtung heißt dann, dass wir ein System beobachten, das seinerseits operativ die eigene Selbstorganisation auf der Ebene des Beobachters von Beobachten durchführt." (Faßler, 1997, S. 181)

Die Selbstbeobachtung ist prozessorientiert und kann nicht als „Black Box" betrachten werden, weil Individuen im Spiel sind. Diese produzieren Verhältnisse, die mit Fakten verbunden sind, in der Folge Inhalte produzieren und sich reziprok verhalten. Die Inhalte reflektieren die Wirklichkeit und sind außerdem Ergebnisse der freien Wahl der Gesellschaft. Selbstorganisation ist eine Beobachtungskategorie, weil sie die andauernden Reaktionsweisen beschreiben kann. Wenn der Prozess des Stattfindens von Begegnungen beobachtbar ist, findet Selbstorganisation statt. Auf diese Weise verwende ich dieses Konzept für meine Untersuchung.

Die Wirklichkeit stellt ein gesellschaftliches Konstrukt dar, die in den Handlungen der Akteure nach impliziten Regeln sozialen Handelns vollzogen wird. Diese gilt es zu rekonstruieren.

Forschungspraktisch bezieht sich das rekonstruktive Vorgehen auf Beobachtungen von Handlungen oder symbolischen Repräsentationen (vgl. u. a. Oevermann 2002, Bohnsack 2003)[12]. Ein Beispiel dafür wäre ein Dokumentarfilm.

„Selbstorganisation ist kein monologisches Merkmal, sondern eine lernende Organisationsweise [die in einer Gemeinschaft praktiziert werden kann]" (Faßler, 1997, S. 174). Es kann Menschen begeistern zu erfahren, was die Gemeinschaft eigenständig erreichen kann. Die Beschaffenheit einer Gemeinschaft kann man erst herausfinden, wenn man sich selbst beobachtet. Wenn man dann daraus „etwas lernt", kann man in einen kreativen Prozess einsteigen. Dies kann z. B. mithilfe von Medien – ein Element meiner Untersuchung – geschehen, durch die man die so genannte Selbstbeobachtung erkennen kann. Eine lernende Organisations ist als Beobachtungskategorie definiert.

Auch der Aspekt des Raumes muss berücksichtigt werden, weil Selbstorganisation nicht allein als struktureller Prozess verstanden wird, sondern auch als Raum der Begegnung. Der Raum ist über Korrespondenzen[13] beschreibbar, welche möglicherweise als Referenz für eine Ordnung dienen können. Aber erst die Anerkennung des sozialen, technischen, gegenständlichen und medialen Raumes als Grundbedingung für sich zu organisierende Verhältnisse ermöglicht die Bestimmung eines Referenzrahmens. „Referenz" ist ein wichtiges Element von Identität, die davon „lebt", dass Bezüge über den Augenblick hinaus ihre Bedeutung [und Gültigkeit] haben." (Faßler, 1997, S. 181)

Legt man dieses Konzept auf den zentralen Untersuchungsgegenstand der vorliegenden Arbeit – das Revival Festival in Sarajevo – um, so stellen all jene Beziehungen, die ebendort zwischen Menschen neu eingegangen wurden, diesen Referenzrahmen dar. Die Betroffenen haben selbstständig und freiwillig die Entscheidung getroffen, an diesem Festival teilzunehmen und miteinander in Kontakt zu treten.

Das Revival Festival war der Versuch einer Gruppe, durch eine kulturelle Bewegung die Jugendlichen von Sarajevo „zusammenzubringen". Sowohl Menschen, die direkt betroffen waren, als auch jene, deren Eltern, Verwandte usw. den Krieg miterlebt haben, nahmen daran teil.

Dieses Festival fand im Jugendhaus „Dom Mladih" statt, welches vor dem Krieg als Basis für die Entwicklung von Kommunikationsstrukturen diente und damals wesentlich zur Entstehung jugendkultureller gesellschaftlicher Prozesse beitrug. Es wurde im Zuge der Kriegsereignisse zerstört.

Der Krieg wurde zwar vor bereits 13 Jahren beendet, die Gesellschaft befindet sich aber in einem Diskurs, als ob er immer noch bestehen würde. Beim dritten Beitrag im Kapitel 9 werden die entsprechenden Inhalte diskutiert.

---

12 http://www.medienpaed.com/14/mayrberger0711.pdf (Stand: 19.03.2008)
13 Austausch der verschiedene Identität. (Vgl. Kapitel 2)

Der Prozess der Selbstorganisation beginnt meist in einer Gesellschaft, in der das Bedürfnis nach Veränderung besonders ausgeprägt ist. Damit etwas Neues entstehen kann, z. B. die Veränderung einer Haltung bzw. die Stärkung der eigenen Position, muss die Selbstregeneration gefördert werden.

Wie schon erwähnt, wurde in dieser Fallstudie das kulturelle Projekt Revival Festival als Beispiel für ein Medium ausgewählt, das durch seine Öffentlichkeitsarbeit die Partizipation großer Teile der Gesellschaft von Sarajevo erreicht hat.

Öffentlichkeit ist ein selbstorganisatorisches Formprinzip, das eine hohe Formerwartung an die gegenwärtigen Kommunikationsverhältnisse hat, weil es an die Medialität, an die Informations-, Kommunikations- und (Selbst-) Darstellungsmöglichkeiten von Individuen, Gruppen oder sozialer Systeme gebunden ist (vgl. Faßler, 1997, S. 227f.). Das selbstorganisatorische Formprinzip ist als Inhalt zu verstehen. Sowohl Öffentlichkeit als auch Kommunikation werden als Verfahren betrachtet. „Die Kommunikation ist so gesehen ein Prozess der Selbstorganisation und zugleich ein Moment, in dem zeitüberschreitende Bedeutung und Identität entstehen können" (Faßler, 1997, S. 77). Es ist zu vermuten, dass sich die Medien durch den Akt der Selbstanerkennung schneller organisieren. Dasselbe geschieht, wenn Medien Bildungszwecke übernehmen (vgl. Kapitel 5). Die Medien spiegeln Kommunikationsprozesse der Gesellschaft wider, wenn sie als Vermittler fungieren (vgl. Kapitel 4.2). So ist die Möglichkeit für Selbstorganisation gegeben. (Vgl. Kapitel 4.1)

„Öffentlichkeit ermöglicht demnach die Selbstbeobachtung und die Herstellung einer Selbstbeschreibung von Gesellschaft mittels Veröffentlichung von Themen". (Gerhard in Bonfadelli, 2005, S. 156)

Habermas versteht Öffentlichkeit als im kommunikativen Handeln erzeugter Raum:

„Die Öffentlichkeit lässt sich am ehesten als Netzwerk für die Kommunikation von Inhalten und Stellungnahmen, also von Meinungen beschreiben. Dabei werden die Kommunikationsflüsse gefiltert und synthetisiert, dass is sich zu themenspezifischen, gebündelten öffentlichen Meinungen verdichten"*(Habermas in Bonfadelli, 2005, S. 149)*

Durch die Beobachtung kann man Medienkompetenz entwickeln und verbessern (vgl. Kapitel 5). Das macht die Lernprozesse aktiv, interaktiv und andauernd. Im Hinblick auf die eigenen Werte bedeutet dies: Hilfe zur Selbsthilfe. Dabei soll man selbst aktiv sein und die Verantwortung für die eigene Entwicklung als Prozess der Transformation selbst übernehmen.

4 Medien

Im Rahmen der gesellschaftliche Entwicklung muss der Medienbegriff flexibel verwendet werden, damit nicht nur klassische Medien, sondern auch Kommunikationsstrukturen berücksichtigt werden, wie die Kommunikationsprozesse aus der Perspektive der Dynamik des *Community Building*[14] und der Selbstorganisation[15].

Medien werden in diesem Kapitel im Sinne der Ansätze von *Community Building* und Selbstorganisation betrachtet. Im Rahmen dieser Untersuchung werden Medien als „Ort für Selbstorganisation [und Diskussion] und [Selbst-] Reflexion"[16], als Vermittler und als Unterstützung zur Aufrechterhaltung einer Gemeinschaft wahrgenommen und definiert. So kann das Thema reflektiert und das Konzept der Kommunikationsstrukturen aus einer weiten Perspektive diskutiert werden.

4.1 Medien als ein Ort für Diskussion, Selbstorganisation und -reflexion

Für die Bearbeitung der Forschungsfrage wird in diesem Kapitel vorausgesetzt, dass eine echte Gemeinschaft nach Peck bereits entstanden ist. Die Gemeinschaft verwendet Medien als einen Ort für Diskussion, Selbstorganisation und -reflexion, z.B. in Form eines Festivals (kulturelles Projekt). Das Festival entsteht in der Gemeinschaft und bringt Begegnungen und Inhalte hervor. Wenn diese Prozesse beobachtbar ist, findet Selbstorganisation statt.

Aus einer semiotischen Perspektive kann behauptet werden, dass Medien ein symbolisches Probehandeln erlauben und Zeichensysteme bilden. Sie bieten die Möglichkeit, die Welt besser zu verstehen. „Medien etablieren innerhalb der Gesellschaft einen Raum, der die Besonderheit hat, von tatsächlichen Konsequenzen weitgehend entkoppelt zu sein. Handlungen in diesem Raum sind – im Gegensatz zu tatsächlichen Handlungen – reversibel."[17]

---

14   Vgl. Kapitel 2
15   Vgl. Kapitel 3
16   Bearbeitung des Konzepts von: Bauer, Thomas A. (2006). Kommunikationskulturen im Wandel.
17   Winkler, Hartmut (2004) Mediendefinition. wwwcs.unipaderborn.de/~winkler/medidef.html (Stand: 07.09.2007)

„Mit Zeichen sind auch Spiel, Fiktion und rein mechanische Operationen möglich. Weil symbolische Prozesse an das Tatsächliche nicht gebunden sind, konstituieren Zeichen eine Sphäre der Möglichkeit, die dem Tatsächlichen gegenübertritt. Welche Geltungs- und Referenzansprüche die einzelnen Zeichensysteme stellen, wird insofern immer aufs Neue ausgehandelt; dies ist Teil des symbolischen Probehandelns selbst". *(Winkler)*[18]

Medien und Zeichen kreieren eine systematische Spannung durch Erfahrung[19]. Die Erfahrung stellt demnach eine Brücke zwischen „Chaos" und „Leer-werden"[20] innerhalb einer Gemeinschaft dar.

„Während Erfahrung Anwesenheit, Beteiligt- und Involviertsein verlangt, operieren Medien und Zeichen auf Distanz. ‚Unmittelbarkeit' (Erfahrung) und ‚Vermittlung' (Medien) treten sich damit gegenüber. Gleichzeitig gehen die meisten unserer Orientierungen, Überzeugungen und Wissensbestände gerade nicht auf Erfahrung, sondern auf Medienerfahrung zurück. Die Realerfahrung wird durch Zeichen und Medien tiefgreifend strukturiert" *(Winkler)*[21].

Nicht nur Presse, Rundfunk, Fernsehen und Telefon, sondern auch moderne Telekommunikationsmittel wie das Internet und die Möglichkeit, virtuelle Gemeinschaften entstehen zu lassen, sind als gesellschaftliche Kommunikationsstrukturen anerkannt.

Theater, Konzerthäuser und eine Reihe weiterer verschiedener gesellschaftlicher Begegnungstätten können ebenfalls als Horte von Kommunikationsstrukturen betrachtet werden, da auch hier Individuen mit dem Ziel zusammengeführt werden, verschiedene Kommunikationsmöglichkeiten und – wie bereits erwähnt – Chancen für die Selbstorganisation anzubieten, wie beispielsweise die Selbstbeobachtung und die dadurch ermöglichte Produktion von Inhalten.

Betrachtet man eine Theateraufführung, so kann diese zur Bildung von Kommunikationsstrukturen anregen, wenn dabei gesellschaftliche Probleme, Wünsche oder Reflexionen thematisiert werden. Ein Konzerthaus kann unter einem ähnlichen Blickwinkel betrachtet werden: Hier ist es wiederum die Musik, die gesellschaftliche Stimmungen und Atmosphären prägen kann.

Dr. Tarik Jusic[22] beschäftigt sich mit den Ursprüngen gesellschaftlicher Kommunikationsstrukturen:

---

18   ibd.
19   ibd.
20   Vgl. Kapitel 2
21   Winkler, Hartmut (2004) Mediendefinition. wwwcs.unipaderborn.de/~winkler/medidef.html
      (Stand: 07.09.2007)
22   Jusic, Tarik (2008). Experteninterview (Sarajevo, am 10., 15. und 17.04.2008)

„In a coffee shop, for example, it can be the good beginning. Probably it is the best beginning. I guess, there are several cultures around a coffee shop. Young people sit all day. What they are talking about is another thing, probably about girls and boys".
(Jusic)

Es ist nahe liegend, dass dieser Ansatz auch tatsächlich zu realen Inhalten führen kann. Es fehlen jedoch häufig Inhalte, die eine Selbstreflexion ermöglichen. Sich bloß in Coffeeshops zu setzen und über gesellschaftliche Probleme zu sprechen oder immer wieder Technologien unbewusst zu verwenden, führt noch nicht zu Lösungen, weil so – gemäß Peck – der Schritt des „Leer-werdens" von anderen Prozessen überlagert ist.

Die genannten Beispiele zeigen, welche Begegnungsstätten inhaltliche Möglichkeiten für die Gesellschaft anbieten können. Orte ohne Inhalt sind bloß Strukturen, also Gebäude die keine (Bildungs-)Bedeutung in sich bergen. Dies ist vergleichbar mit einer Schule ohne Lehrkräfte oder einer Bibliothek ohne Bücher. Medien haben aber zweifellos das Potenzial, Inhalte und Kanäle für Diskussionen anzubieten und Verhältnisse zu schaffen. (Vgl. Kapitel 5)

Während eines Krieges werden meist auch wichtige Begegnungsstätten und Orte zerstört, wo Kommunikation passierte, wo sich z. B. Jugendliche trafen, sich selbst organisierten, über die eigene Gemeinschaft nachdachten und gemeinsam Auswege fanden. So gehen Zukunftsperspektiven durch das Gefühl nicht mehr vorhandenen Unterstützung verloren. Darum ist es von essenzieller Bedeutung, dass Kommunikationsstrukturen nach einem Krieg wieder aufgebaut werden:

> „Die Strukturen, die aufgebaut werden müssen, wo man einander nicht mit einem Freund-Feind-Schema wahrnimmt oder fragt, wer jetzt mit wem in welcher Koalition ist, sondern wo man sich über gemeinsame Interessen trifft und nicht so sehr Positionen verteidigt, dass man das mit der Art vergleichen kann, wie versucht wird, in einem Mediationsprozess Parteien zusammenzubringen, dass man sagt, man sollte nicht davon weg kommen, von Positionen aus zu denken, sondern eher von Zielen aus denken, sagen, was möchte ich erreichen, was möchte der andere erreichen und dann kreativ werden, wie man das gemeinsam anstreben könnte, dass möglichst alle bestehenden Ziele erreicht werden können. Aber wenn man nur Positionen hat und sagt, ich stehe auf diesem Standpunkt und der auf einem anderen, dann kann man sich schlecht bewegen". *(Süss)* [23]

In diesem Sinn stellt das Revival Festival einen wichtigen Ort für den Wiederaufbau dar. Dom Mladih war vor dem Krieg ein Konzerthaus, in welchem vielfältige kulturelle Anlässe angeboten und vor allem Jugendliche zusammenge-

---

23   Süss, Daniel (2008). Experteninterview (Zürich, am 25.04.2008)

bracht wurden. Es war nicht nur ein Gebäude im Skenderija Komplex[24], sondern es handelte sich um eine Örtlichkeit in Sarajevo, die eine Kommunikationsstruktur zur Verfügung stellte und deshalb als Spiegel[25] der damaligen Gesellschaft betrachtet werden kann.

Im Rahmen kultureller Projekte kreieren in erster Linie parallel stattfindende Events Inhalte, wie dies beispielsweise beim Revival Festival (vgl. Kapitel 7) der Fall war. Ein Ort, der zu früheren Zeiten solche Angebote lieferte, kann auch zu einem späteren Zeitpunkt Inhalte im Namen des Friedens oder des Wiederaufbaus anbieten und wieder zu einem Ort werden, wo in der Interaktion herausgefunden werden kann, was man wirklich will.

In Bezug auf Selbstorganisation und Wiederaufbau – vor allem in Post-Konflikt-Gesellschaften – können Medien Stimmungen erzeugen und Debatten provozieren. Bei klassischen Medien ist dies weniger üblich, wie Jusic[26] festhält:

> „If this discourse created by the media are negatively polarised, hateful, then the effects will be devastating. (…) The media won't report the good things. (…) The classical media have a more negative role. They are sensationalism-oriented, because they need immediacy, they don't care about a long process. What can you say about a peace process in 3 paragraphs? People love crisis, bad things ...“ *(Jusic)*

Nach einem Krieg müssen solche Strukturen wieder aufgebaut werden, von einzelnen Gebäuden bis hin zur Mentalität der Bevölkerung. In der Republik Bosnien und Herzegowina gab es nach dem Krieg kein Regulationssystem und die Medien dienten vielfach nur Propagandazwecken. Dies führte vor allem im Zuge der ersten Wahl im Jahr 1996 zu einer politischen Krise, da die Gegner des Regimes nicht offen zu ihrer Meinung stehen konnten. Dies hat sich nun geändert, da die Regulation der Medien kritische Journalisten im System zugelassen und die Neustrukturierung des Rundfunks gefördert hat.

Für Jusic bringen kulturelle Projekte neue Inhalte und Themen und können nicht nur Diskurse ändern, sondern verschaffen der Gesellschaft überdies neue Räume und Erfahrungen. Dies kann vor allem eine Motivation zur Lösung der alltäglichen gesellschaftlichen Probleme darstellen, weshalb er folgende Ergänzung vornimmt: "New contents and interaction change discourse!" (Jusic)

---

24   Ein Platz in Zentrum Sarajevo
25   Ein Spiegel ermöglicht die Selbstbeobachtung in Sinn der Selbstorganisationskonzept
26   Jusic, Tarik (2008). Experteninterview (Sarajevo, am 10., 15. und 17.04.2008)

4.2 Medien als Vermittler von Botschaften

Als eine Instanz der Selbstbeobachtung der Gesellschaft bilden die Medien eine bewegliche Sphäre der Vermittlung[27]. Sie funktionieren in diesem gemeinschaftlichen Beziehungsprozess als Vermittler, weil sie einen Dialog zwischen Menschen ermöglichen, ihre Rolle in der Gemeinschaft durch immanenten Informationsaustausch aufzeigen und Kommunikationsprozesse innerhalb der Gesellschaft fördern. Die Kommunikationsstrukturen, die in diesen Sphären liegen, vermitteln Inhalte als Ergebnis des Verhaltens und Handelns, das von Menschen produziert (selbst organisiert) wird. „Medien bestimmen tatsächliches Verhalten und Handeln von Menschen" (Faßler, 1997, S. 130) und bestimmen eine soziale Umgebung. (Vgl. Faßler, 1997, S. 133)

Das Revival Festival hat im Rahmen des Dialogs verschiedene Möglichkeiten offenbart und versucht, Jugendliche wachzurütteln, damit diese angehalten werden, sich selbst zu beobachten. Ziel war es schließlich zu erkennen, dass die Kreation einer „besseren Gesellschaft" ohne die Partizipation einer großen Anzahl Jugendlicher nicht möglich ist. Es ist somit ein Prozess von großer Bedeutung, durch gemeinschaftliche[28] Anstrengung, Jugendlichen ihre Kommunikationsstrukturen (i. c. Dom Mladih) wieder zurückzugeben.

In diesem Kontext muss außerdem erwähnt werden, dass in der Republik Bosnien und Herzegowina· ca. 48 % der Bevölkerung Moslems sind[29] und dass einige Menschenrechte[30] im fundamentalen Gegensatz zur Scharia stehen[31]. Der Artikel 22 der Scharia beschränkt z. B. die Redefreiheit auf jene Meinungsäußerungen, die dem islamischen Recht nicht widersprechen.

Die Medien sollen Inhalte zeigen, die die Realität der Gesellschaft berücksichtigen. Sie sollen für die Entwicklung einer Sphäre der Vermittlung zur Ver-

---

27 Vgl. Winkler, Hartmut (2004) Mediendefinition. wwwcs.uni-paderborn.de/~winkler/medidef.html (Stand: 07.09.2007)
28 Vgl. Kapitel 2
29 Wollner, Maximilian. Islam in der Republik Bosnien und Herzegowina (2006). Geschichte u. politische Bedeutung des Islams in der Rep. Bosnien und Herzegowina heute. Seminararbeit. http://textfeld.ac.at/pdf/1124.pdf (Stand: 16.05.2008)
30 Artikel 19 der „Allgemeinen Erklärung der Menschenrechte". „Jeder hat das Recht auf Meinungsfreiheit und freie Meinungsäußerung. Dieses Recht schließt die Freiheit ein, Meinungen ungehindert anzuhängen sowie über Medien jeder Art und ohne Rücksicht auf Grenzen Informationen und Gedankengut zu suchen, zu empfangen und zu verbreiten."
31 Die Scharia beansprucht universale Geltung für alle Menschen. Der islamische Ritus und größtenteils das Familienrecht gelten nur für Muslime. Alle Beziehungen des öffentlichen und privaten Lebens müssen im Sinne des religiösen Gesetzes geregelt werden. Dies wird bei einer Gegenüberstellung der UNO-Deklaration der Menschenrechte deutlich. Diese sind in der islamischen Rechtsordnung eingeschränkt.

fügung stehen und sicherstellen, dass keine Gruppen (beispielsweise aus religiösen Gründen) ausgeschlossen werden.

4.3 Medien als Unterstützung zur Aufrechterhaltung einer Gemeinschaft

Medien funktionieren auch als Unterstützung zur Aufrechterhaltung einer Gemeinschaft, Sie sorgen dafür, dass diese bestehen kann. Nach Peck benötigt eine
Gemeinschaft permanente Pflege. Verständigung ist ein allgemeines Ziel kommunikativen Handelns.

In der vorliegenden Arbeit wird das spezifische Ziel, durch kommunikative
Chancengleichheit die Interessen aller Kommunikationspartner zu realisieren,
betrachtet. Diese Chancengleichheit schafft eine Situation, die Emanzipation
ermöglicht und Gedanken positiv beeinflusst kann und durch die sich die Gesellschaft in einem kritischen Prozess weiter entwickeln kann.

Im Rahmen des Kapitels *Comunity Building* wurde bereits erwähnt, dass
effiziente Kommunikation Voraussetzung für eine Gemeinschaft ist. Das heißt,
Kommunikation ist ein Muss für die Entwicklung und das Bestehen der Gemeinschaft. Es stehen dafür Kommunikationsstrukturen zur Verfügung, in denen sich
Kommunikationsprozesse entwickeln.

Trotz vielfältiger Kommunikationsstrukturen in einer Gesellschaft sind viele davon aus unterschiedlichen Gründen entweder nicht identifizierbar oder werden nicht als solche erkannt. Ursachen dafür sind zum Beispiel religiöse Hinter-
gründe, familiäre Bedingungen und die Ausbildungssituation. Darüber hinaus
werden Begegnungsstätten oft unbewusst genutzt. Deshalb können Gemeinschaften mitunter kaum positive Erfahrungen sammeln. Medien können nicht nur
zur Gemeinschaftsentstehung beitragen, sondern diese Gemeinschaften auch
pflegen und im Sinne der Selbstorganisation besondere Beiträge liefern.

Beispielsweise bietet ein Festival als multimediale Veranstaltung die
Gelegenheit, neue Möglichkeiten innerhalb der Gesellschaft zu wahrzunehmen[32],
eigene Werte zu erkennen und gemeinsam kreatives Potenzial zu entwickeln, aber
auch eigene Probleme zu reflektieren und Strategien öffentlich zu machen. Kulturelle Projekte sollten idealerweise nicht die Funktion klassischer Kommunikationsstrukturen übernehmen, weil sie durch ein anderes Format geprägt werden.
Aber sie können unterstützend zurAufrechterhaltung eine Gemeinschaft beitragen.

Vertrauen ist ein Thema, das an dieser Stelle nicht unerwähnt bleiben soll,
da es, wenn es nicht vorhanden ist, einen negativen Aspekt darstellt und Gemeinschaften zerstören kann. Besteht allerdings Vertrauen bzw. wird es gepflegt,

---

32   Vgl. Kapitel 3

macht diese Voraussetzung den Prozess leichter und gestaltet die Teilnahme angenehmer.

Eine Untersuchung des UNDP besagt[33]:

> „Confirm the degree to which people believe corruption to be an integral part of e-veryday life in BiH. 98% of respondents believe that corruption is present to some degree in politics; 31.7% believe that politicians are very prone to corruption. No institution is considered free of the taint. 68.8% believe in corruption in health care, 66.2% in the judiciary, 63.0% in the police and 63.6% in the [classical] media 58.5% believe that corruption is somewhat, moderately or very present in education". *(Human Development Report – Bosnia & Herzegovina. S. 26 – UNDP 2002)*

Im Falle eines ausgeprägten Misstrauens in klassische Medien kann die Gesellschaft von einem kulturellen Projekt als Medium profitieren, da hier hierarchische Strukturen kaum existieren und das Interaktionsniveau insgesamt höher ist.

Es muss allerdings auf die Entwicklung hierarchischer Strukturen geachtet werden, die innerhalb des Systems entstehen, weil diese mitunter undemokratische Verhältnisse stimulieren können. Dies stellt eine Gefahr dar, da die betroffene Gesellschaft auseinander driften kann. „Als Sphäre der Vermittlung und Vernetzung bilden die Medien eine Ebene oberhalb der Individuen, die sie vernetzen. Sie rücken zu einem System zusammen, das eigene Gesetze hat und einer eigenen Entwicklungslogik folgt."[34]

Am Ende dieses Kapitels möchte ich das Beschriebene mithilfe eines Beispiels unterstreichen:

Während meines Besuches in Sarajevo habe ich das Mediacentar als Arbeitsplatz genutzt. „Mediacentar Sarajevo" ist ein Zentrum, in dem verschiedene Gruppen der Gesellschaft aufeinander treffen. Das Zentrum existiert seit 1995 und stellt einen Ort dar, der die Mitglieder der Gesellschaft miteinander verbindet. Bei Kursen, Film-, Fotoausstellungen und Projektentwicklungen stellt das Zentrum als „Separate Educacional & Research Institution" Buchneuerscheinungen vor und führt Medienforschung, PR-Training und -Consulting, TV- und Radio-Produktionen sowie eine Reihe anderer Events durch. Es ist ein öffentlicher Ort, der u. a. unterstützend zur Aufrechterhaltung einer Gemeinschaft beitragen kann.

---

33   UNDP – United Nations Development Program: for the Early Warning Systems Report – April 2001

34   Winkler, Hartmut (2004) Mediendefinition. wwwcs.uni-paderborn.de/~winkler/medidef.html (Stand: 07.09.2007)

5 Medienpädagogik

5.1 Begriffe der Medienpädagogik

Medien als Vermittler von Bildung und Wissen erweitern das Forschungsfeld der Kommunikationswissenschaft und stellen eine relevante pädagogische Intervention darin dar. Die Medienpädagogik benötigt eine Wechselbeziehung mit der Kommunikationswissenschaft, weil sie den Einfluss der Medien auf den Lern- und Erziehungsprozess untersucht. (Vgl. Hoffmann, 2003, S. 14)

Die Kommunikationswissenschaft ist die für die Theorie verantwortliche Instanz, Medienpädagogik ist hingegen für die Orientierung innerhalb gesellschaftlicher Einstellungen und Werte verantwortlich. Die Vermittlung von Medienpädagogik ist von großer Bedeutung, weil sie sich auf den gesellschaftlichen Mediengebrauch bezieht. Hinsichtlich des Mediengebrauchs untersucht die Medienpädagogik, was Menschen von Medien erwarten und mit ihnen tun können. „Was Menschen über Medien wissen, wie sie diese reflektieren, wie sie ihre Nutzung bedenken und ihre Wirkungen beachten (...)." (Kübler, 2002, S. 184)

Die Art und Weise, wie, wo und welche Kommunikationsprozesse stattfinden, gibt Auskunft darüber, wie sich eine Gesellschaft im Wesentlichen strukturiert. Diesen Aspekt stellt Bauer[35] mithilfe eines konstruktivistischen Begriffs von Kommunikation in den Vordergrund und verwendet diesen für einen theoretischen und praktischen Diskurs über Medienpädagogik. Es handelt sich somit um eine theoretische und eine praktische Kompetenz, die in einem kommunikationstheoretischen Rahmen die gesellschaftlichen Relationen analysiert.

„Wenn Kommunikationsbildung der Hintergrund der Medienpädagogik ist, dann sollten wir darüber nachdenken, welchen Kommunikationsbegriff wir meinen. Ich rede von einem konstruktivistischen Begriff von Kommunikation, der besagt: Kommunikation ist der Vorgang der Verständigung [und Begegnung] zwischen Menschen, in dem sie miteinander Wirklichkeiten vereinbaren [und neue Inhalte produzieren]. Das, was unsere relevante Wirklichkeit ist, [lebt und entsteht aus den Kommunikationsprozessen][36]".

35 Bauer, Thomas. Konstrutivismus und Medienpädagogik. Media Meeting Wels, November, 2001. http://www.mediamanual.at/mediamanual/workshop/kommunikation/texte_medienkultur (Stand: 14.11.2007)
36 Bauer, Thomas. Konstrutivismus und Medienpädagogik. Media Meeting Wels, November, 2001. http://www.mediamanual.at/mediamanual/workshop/kommunikation/texte_medienkultur (Stand: 14.11.2007)

In der Medienpädagogik geht es um „Erziehung und Bildung des Menschen, allgemeiner um Lernprozesse der Menschen, sofern sie mit Medien bzw. medialer Kommunikation zu tun haben" (Hoffmann, 2003. S. 21). Die mediale Kommunikation ist nach Hoffmann ein Gegenstand der Medienpädagogik, die Hilfsmittel benützt und die Speicherung und den Transfer von Kommunikationsinhalten ermöglicht (vgl. Hoffmann, 2003, S. 22). Die Kommunikationsinhalte kann man als die Ergebnisse des Verhältnisses der Menschen zur Wirklichkeit verstehen. Die Medien vermitteln diese Wirklichkeit. Elemente und Inhalte, die aus dieser Wirklichkeit hervorgehen, können zur Entwicklung der Gesellschaft beitragen.

5.2 Aufgabe der Medienpädagogik

Dieter Baacke beschreibt die Funktion der Medienpädagogik folgendermaßen:
    Die Aufgabe der Medienpädagogik ist es, Heranwachsende in der Nutzung und Interpretation der Medien zu schulen. Es werden aber auch nicht medienbezogene Handlungen betrachtet und gefördert, da solche ebenfalls in engem Zusammenhang mit Medieninhalten stehen. Die Medienpädagogik untersucht weiter die sozialisatorischen Komponenten des In-der-Welt-Seins und berücksichtigt, dass pädagogisch-intentionales Handeln der Medien nur begrenzt möglich ist, da die Heranwachsenden über unterschiedliche Alltagsvoraussetzungen verfügen. Sie will die Programme der Medien kritisch betrachten und Vorschläge zu deren Entwicklung machen. (Vgl. Baacke 1997, S. 57)
    Gemäß Bauer[37] liegt die Aufgabe der Medienpädagogik in der Entwicklung von *Know-What* und *Know-How* der begleitenden und evaluativen Qualitätskontrolle gesellschaftlich und medial organisierter Kommunikation. Dies ist wichtig, damit sich die Gesellschaft selbst organisieren und Neues erfahren kann.
    Die Reflexion durch Medien bzw. der Medien selbst macht Kommunikationsprozesse beobachtbarer und stärkt die Kommunikationskompetenz in einem gesellschaftlich orientierten Entwicklungsprozess. (Vgl. Kapitel 5)
    Hinsichtlich der Aufgabe der Medienpädagogik sieht Hoffmann im **Bewahren** (kommunikative Problemlagen und Zugang zu „kommunikationsgefährlichen" Orten und Aussagen eingrenzen), **Aufklären** (Wissen vermitteln, Bewusstsein schaffen), **Handeln** (Gestaltungsfähigkeit vermitteln, Kreativität freisetzen, Partizipation ermöglichen) und **Wahrnehmen** (Sensibilisierung, Wahrnehmungsfähigkeit verbessern) weitere wichtige Aspekte. (Vgl. Hoffmann, 2003, S. 30f.)

---

37   Vgl. http://www.mediaculture-online.de/Medienbildung.357.0.html (Stand: 04.10.07)

Mehrere Medienpädagogen erwähnen die emanzipatorischen Ziele der Medienpädagogik. Wie weit der institutionelle Bildungsansatz von emanzipatorischen Leitbildern entfernt ist, wurde von Bauer[38] thematisiert:

„Der Anspruch der Medien- als Kommunikationspädagogik müßte, wenn er ernst genommen würde, erreichen, regulierte Bildungsstrukturen zu öffnen (deregulieren) und das System curricularen Lernens mit einer Kultur des extracurricularen Lernens zu mischen. Warum sollten nicht Medien bzw. Medienunternehmen Schule(n) halten können, wie dies Bund, Länder, Gemeinden, Kirchen oder Stiftungen tun?" *(Bauer[39])*

Austermann beantwortet die Frage, wie sich Menschen mithilfe von Medienpädagogik von Medien emanzipiert können, folgendermaßen:

„Von der Verwendung eines bestimmten Mediums [beispielsweise ein Festival] in einer pädagogischen Situation über die öffentlichen Medien und den von ihnen beeinflussten Kommunikationsprozessen [mithilfe von parallel stattfindenden Aktivitäten, die ein Festival anbieten kann, finden vielfältige Kommunikationsprozesse statt] als Thema pädagogischer Praxis bis zu selbstgestaltetem medialen Handeln [z.B Theaterstücke] reicht die Bandbreite kritisch-konstruktiver Aufgaben." *(Austermann 1989, S. 1036. In: Hoffman 2003, S. 22)*

5.3 Medienkompetenz

Klassische und neue Kommunikationsstrukturen weisen auf Inhalte hin, die nicht unbedingt wahrgenommen werden. Christian Dölker[40] betont, dass Menschen heute eine „Medienalphabetisierung" benötigen. Lernen sie nur lesen, schreiben und rechnen, wird es für sie schwierig, an unserer multimedialen Gesellschaft voll teilhaben zu können. Menschen können viele ihrer Rechte nicht einfordern oder sich vollständig entfalten, wenn sie nicht medienpädagogisch gebildet sind. Deshalb ist es von essenzieller Bedeutung, wie Medien wahrgenommen und kritisch genutzt werden, weil sie viele Möglichkeiten bieten, die Gesellschaft zu beobachten und zu reflektieren.

Dieser Gedanke postuliert zweifellos die Weiterentwicklung der kommunikativen Kompetenz der Gesellschaft. Obwohl es in der heutigen Gesellschaft

---

38   European Medi@Culture-Online http://www.european-mediaculture.org (Stand: 14.05.2008)
39   Bauer, Thomas. Konstrutivismus und Medienpädagogik. Media Meeting Wels, November, 2001. http://www.mediamanual.at/mediamanual/workshop/kommunikation/texte_medienkultur (Stand: 14.11.2007)
40   Prof. Dr. Chistian Dölker ist Extraordinarius für Medienpädagogik an der Universität Zürich und wurde von Prof. Dr. Süss beim Gespräch über diesen Aspekt zitiert.

verschiedene Arten von Medien gibt, ist es die Art der Mediennutzung, welche die entscheidende Rolle spielt, und nicht das Medium selbst.[41]

Medienkompetenz als Ziel der Medienpädagogik ist ein Qualitätsmerkmal der Medienbildung einer Gesellschaft (vgl. Bauer, 2006d S. 195). Je gebildeter eine Gesellschaft ist, desto höher ist das Nutzungsniveau und die Gestaltung der Medienprodukte. Dabei kann man davon ausgehen, dass die Gesellschaft vor allem innerhalb eines Selbstbeobachtungsprozesses lernen muss, wie sie mit Medien umgehen soll, um Inhalte verstehen, moderieren, argumentieren und reflektieren zu können.

Die vorhandenen medialen Kommunikationserfahrungen sind mit Lernen, Erziehung und Bildung, Prägung und Sozialisation verbunden. Medienpädagogische kulturelle Projekte können dazu beitragen, ihren Teilnehmern multimediale Kommunikation bewusster zu machen und so zu bewirken, dass sie diese weiter gestalten können. (Vgl. Hoffmann, 2003. S. 22)

Medien reproduzieren immer wieder Alltagswissen und machen damit die Wahrnehmung der Welt überwältigend und unübersichtlich. Wir werden von Eindrücken und Informationen überflutet und bleiben doch blind der Wahrheit gegenüber.

„Die Welt der Kommunikation ist eine Welt der Missverständnisse, und jede Art von Austausch ist nur Schein. Ebenso aber, wie wir im Alltag über eine ‚kommunikative Kompetenz' verfügen, verfügen wir heute auch über eine ‚Medien-Kompetenz', die sich von der ‚kommunikativen Kompetenz' nur dadurch unterscheidet, dass sie nicht in face-to-face Situationen stattfindet, sondern in der parasozialen Interaktion mit Medienbotschaften und ihren Trägern." *(Baacke, 1997, S. 54)*

Damit der erweiterte Begriff der Medien (vgl. Kapitel 4) und die unübersichtliche Übermittlung von Informationen durch die Medien wahrgenommen, kritisiert und genutzt werden kann, ist es notwendig, dass eine Gesellschaft Medienkompetenz entwickelt. Diese wird als medialer Faktor der gesellschaftlichen Entwicklung betrachtet.

Baacke bestimmt Medienkompetenz als „die Fähigkeit, in die Welt aktiv aneignender Weise auch alle Arten von Medien für das Kommunikations- und Handlungsrepertoire von Menschen einzusetzen" (Baacke, 1996 S. 4. In Hoffmann, 2003. S. 31). Hoffmann ergänzt, dass das Ziel von Medienpädagogik kommunikative Kompetenz als Analyse und Befähigung zu sozialer Kommunikation – unter anderem mit Medien – ist. Dies ist ein wichtiger Hinweis, wenn man über *Community Building* (gemäß Peck) spricht. (Vgl. Kapitel 2)

---

41   Vgl. Bauer, Thomas A. (2002). Zweitwissenschaft oder Erschließungsperspektive? Zur Relevanz der pädagogischen Intervention in der Kommunikationswissenschaft. S. 21-33.

Laut Hurrelman ist Medienkompetenz die „Gesamtheit von Fähigkeiten und Fertigkeiten unter deskriptiven und normativen Aspekten, die mit der normativen Leitidee des gesellschaftlich handlungsfähigen Subjekts verbunden ist." (Vgl. Hurrelman, 2002, S. 301)

Um Kritikfähigkeit zu erlangen, ist eine ständige Bildung unerlässlich. Man entwickelt diese Fähigkeit, indem man durch aktive Partizipation in der Gesellschaft eine eigene (Medien-)Kompetenz entwickelt. Diese reicht von Medienkritik (vgl. Kapitel 5.5.1) bis Mediengestaltung. (Vgl. Kapitel 5.5.4)

Baacke teilt die Medienkompetenz in vier Dimensionen auf: Medienkritik, Medienkunde, Mediennutzung und Mediengestaltung (vgl. Baacke, 1996, S 112). Im Folgenden soll ein Überblick vermittelt werden, welche Meinung er und andere Autorinnen und Autoren diesbezüglich vertreten.

5.3.1 Medienkritik

Die Medienkritik bildet einen Kernbereich der Medienkompetenz und lässt sich als Kritik von inhaltlichen Positionen, die von Medien vermittelt werden, spezifizieren. Die kognitive Analyse- und Bewertungsfähigkeit dominiert diese Dimension. Die Bewertung reicht von der Relevanz der Informationen bis hin zu Indikatoren für die Glaubwürdigkeit der Quelle. Mit dieser Fähigkeit kann man überprüfen, ob man eine Medienbotschaft annehmen will. Zum einem kann man bei einem Text inhaltsbezogene und formale Kritikaspekte unterscheiden. Zum anderen steht bei fiktiven Darstellungen die ästetische und narratologische Qualität zur Beurteilung im Vordergrund. Auch für Filme arbeitet man eine kritische Analysefähigkeit aus. (Vgl. Groeben, S. 172f.)

Baacke definiert drei Haltungen der Medienkritik und erweitert damit das Spektrum der Medienkritik mit der Ethik: Die analytische, die reflexive und die ethische Haltung.

> „a Analytisch sollten gesellschaftliche Prozesse [...] angemessen erfaßt werden können; b reflexiv sollte jeder Mensch in der Lage sein, das analytische Wissen auf sich selbst und sein Handeln anwenden zu können; c ethisch schließlich ist die Dimension, die analytisches Denken und reflexiven Rückbezug als sozial verantwortet abstimmt und definiert." *(Baacke, 1997, S. 98)*

Ein praktisches Beispiel für die Wichtigkeit von Medienkompetenz ist die bosnische Gesellschaft, in welcher einer der problematischen Prozesse in der hohen Korruption des gesamten Gesellschaftssystems liegt. Das Bildungs-, Gesundheits-, Justiz-, Sicherheits- und Mediensystem und viele internationale Institutionen sind davon betroffen (vgl. Human Development Report – Bosnia & Herzegovina., UNDP 2002, S. 26). In Bezug auf dieses Problem ist die Kompetenz zur Medienkritik besonders wichtig.

5.3.2 Medienkunde

Voraussetzung für die erfolgreiche Kritik an Medieninhalten ist das Wissen über die Strukturen der Medien und der Gestaltungskategorie. Medienkunde ist sowohl eine informative (Medienwissen[42]) als auch eine instrumental-qualifikatorische Dimension. (Vgl. Baacke, 1997, S. 99)[43]

Medialität und Realität sind deutlich zu unterscheiden. In diesem Zusammenhang muss gefragt werden, ob man die Technologien bedienen kann, weiß, wie die heutigen Medien und Mediensysteme funktionieren (z. B. die kommerziellen Funktionen der Fernsehens), wie deren Inhalte gestaltet sind und welche Kriterien die Journalisten bzw. Herausgeber für eine Veröffentlichung heranziehen. (Vgl. Groeben 2002, S. 166ff.)

Mögliche Fragen in diesem Zusammenhang sind: Warum soll ich an einem Festival teilnehmen? Wer steht organisatorisch im Hintergrund? Aus welchen Gründen wurde das Event organisiert? Welche Interessen (politische, ökonomische, usw.) sollen erfüllt werden?

Zum Thema Medienkompetenz sagt Jusic[44]:

„The society needs competence, which means for a group or a community member to be able to use the communication structures [er meint hier Mediensysteme], they need to have basic competence and there's no other way but Literacy. You have to make society want to obtain literacy. Literacy in communication structures, technique, classic Medias, communication platform. It takes some time to educate people to pass generation, to use internet, take part in public demonstrations, society needs to grow cultures. People, who have access to the media, can use this technology to teach other people. The steps would be: first educate people who use the media [Journalistinnen, Produzentinnen, Herausgeberinnen, Broadcaster], how they can use the media to educate other people [Gemeinschaften] to use the media. It´s gradual. " *(Jusic)*

---

42   Konzept nach Groeben.
43   In: Groeben, Norbert. Dimensionen der Medienkompetenz: Deskriptive und normative Aspekte. S. 170
44   Jusic, Tarik (2008). Experteninterview (Sarajevo, am 10., 15. und 17.04.2008)

5.3.3 Mediennutzung

Diese Dimension beinhaltet die rezeptive Ebene der Mediennutzung. Hier bestimmt die Auswahl der Rezipienten die eigene persönliche Perspektive. Medien sollen interaktive Kanäle anbieten und rezipiert werden können. Durch die engagierte Nutzung der Medien von der Gesellschaft wird ihre Kritikfähigkeit gefördert.

„Zur gesellschaftlichen Handlungsfähigkeit des Individuums gehört auch und gerade die Kompetenz, aus der Vielzahl der vorhandenen Medienangebote das für eine bestimmte Bedürfnislage, Zielsetzung, Problemstellung etc. adäquate Angebot auszuwahlen" *(Groeben 2002, S. 175)*

Die Fähigkeit, auszuwählen und zu entscheiden, welche Informationen aufgenommen werden sollen, führt dazu, dass die Kompetenz entwickelt werden kann, Medien sinnvoll zu kombinieren und deshalb nicht nur eindimensional zu nutzen. Unter den vier Medienkompetenzen, die hier bearbeitet werden, ist vor allem die Selektionskompetenz ausgearbeitet.

Jede Gesellschaft ist durch eine gewisse Form kommunikativer Gewohnheiten geprägt. „Die Jugendlichen leben nun einmal mit diesen Klischees[45], die ihre Alltagswelt durchdringen und im Film ihre Widerspiegelung erfahren." (Baacke, 1997, S. 50)

Es passiert zum Beispiel eher selten, dass ein Handynutzer eine Nachrichtenredaktion kontaktiert, nachdem er einen Bericht in einer Zeitung gelesen hat. Obwohl die Möglichkeit zur Interaktion mit den Medien zur Verfügung steht, wird diese nur selten genutzt. In Bezug auf diese Untersuchung wäre der größte Nutzen aus einem Festival gezogen, wenn die Gesellschaft dieses aktiv mitgestalten und ihre Erfahrungen mit dem Inhalt des Festivals einbringen würde.

Die Gesellschaft konstruiert durch soziales Handeln Wirklichkeit. Die Wirklichkeit stellt widerum ein gesellschaftliches Konstrukt dar. Aus dieser Sichtweise ist die Medienkultur eine Problematisierungsperspektive der Medienpädagogik. Die Kultur und der Gebrauch der Medien spielen also im Namen der gesellschaftlichen Entwicklungen zusammen. Die Medienpädagogik liefert Impulse für die Vermittlung von Normen und Werten einer Gesellschaft und konkretisiert Konzepte, die für die Medienerziehung notwendig sind. (Vgl. Dreier 2002, S. 108ff.)

---

45 Laut Stern handelt es sich bei Klischees vor allem um die „verdeckende Vereinfachung der Züge einer Beschreibung. Das Defizitäre des Klischees liegt in seiner ungerechtfertigten Verallgemeinerung" (Stern, 1972, S. 260).(...) „sprachliche Gebilde zur Beeinflussung, die verleiten aber nicht zwingen" (Stern, 1972, 270)

Die Selektion und Bewertung der Inhalte hängt darüber hinaus von kulturellen Aspekten ab. In ein und derselben Kultur können durchaus Gruppen existieren, die nicht dieselben Gewohnheiten haben oder Glauben, Riten, Werte und Einstellungen miteinander teilen (in der bosnischen Gesellschaft ist dies eindeutig stark ausgeprägt).

> „Die Kultur ist nicht nur Erfahrungssache, sondern auch das Resultat von Einstellungen und Werten. Die Kultur entsteht aus Kommunikation [die für die entsprechende soziale Bewegung eine Voraussetzung ist], die allen Medien nützt." (Vgl. Dreier, 2002, S. 110)

Der Versuch, eine Einheit zu erhalten, wird erst dann möglich, wenn so genannte „Diversity Aspekte" anerkannt und respektiert werden. Die Kultur bezeichnet eigene Gedanken- und Gefühlshaltungen, die einer Gesamtheit angehören.

5.3.4 Mediengestaltung

Diese Dimension erläutert die Darstellung der Gesellschaft durch die Medien. Sie befasst sich einerseits mit der Verbesserung der Medien, die schon bestehen, und andererseits mit der Gestaltung neuer Medienprodukte.

> „Bei Baacke (1997, S. 99) ist die Medienkompetenz höchstens implizit bei der Mediengestaltung und ihren innovativen, ästhetisch-kreativen Manifestationen mitgedacht. Das Gleiche gilt für Tulodziecki (1997, S. 155ff.), ergänzt durch die „Aufarbeitung medienbedingter Emotionen" (S. 190ff.), bei der aber wieder die kognitive Reflexion und damit Distanzierung von (vor allem auch negativen) Emotionen im Vordergrund steht." *(Groebe 2002, S. 172)*

Das Revival Festival könnte im Prinzip noch einmal durchgeführt werden und der Gesellschaft erneut die Gelegenheit bieten, davon zu profitieren. Außerdem könnte der Inhalt des Festivals erweitert werden, indem neue Formen von Botschaften und Mediennutzungen eingeführt werden würden.

> „Medienprojekte erarbeiten und liefern Erfahrungen – unter Einbeziehung von Fantasie und Funktionslust von Kindern und Jugendlichen –, mit den neuen Medienwelten umzugehen, in sie einzudringen. Sie tun dies als ‚Projekte', wie sie im einzelnen auch angelegt sein mögen, jedoch immer dadurch, dass sie Medien, welcher Art auch immer, nicht als Konsum-Angebot darstellen, sondern als Herausforderung zu aktiver Verarbeitung." *(Baacke, 1997, S. 68)*

So berichtet z. B. Dr. Daniel Süss von filmischen Bildungsprojekten, die in der Schweiz initiiert wurden. Im Rahmen dieser äußerten Jugendliche, dass diese Zusammenarbeit für sie ein wichtiger Lernprozess war. Außerdem konnten sie dabei erfahren, wie wichtig es für die Gestaltung eines Films ist, selbst zu erleben, wie unterschiedliche Menschen gemeinsam an einem Medienprodukt mitwirken.

Dies stellt für die Weiterentwicklung sozialer Kompetenz, aber auch für das Lernen von Ausdrucksmöglichkeiten eine wichtige Chance dar. Etwas Kulturelles aufzubauen heißt auch, an eine Zukunft, an eine Entwicklung durch kulturelle Projekte zu glauben.

> „Generell ist zu sagen, dass Kompetenz, so auch Medienkompetenz, nicht einfach nur als begriffliches Konzept der Fähigkeit gegenüber oder mit Medien zu verstehen ist, sondern Kompetenz ist ein Programm [Dies dauert lange und ist nicht nur von Medien und Menschen abhängig]." *(Schmidt, 2005 S. 159)*

Medienkompetenz ist der umfangreichste Gedanke in diesem Zusammenhang. Die Jugendlichen nehmen am Festival teil, haben aber nicht die Fähigkeit, etwas weiterzuentwickeln. Wie es möglich ist, ihnen kommunikative Kompetenzen zukommen zu lassen, wird in Kapitel 9 reflektiert.

5.4 Medien und Gemeinschaftsbildung

„Der Mensch gehört nach Apel zum einen einer realen Kommunikationsgemeinschaft an, deren Mitglied er selbst durch einen Sozialisationsprozess geworden ist, und zum anderen einer idealen Kommunikationsgemeinschaft (diskursfähig), „die prinzipiell im Stande sein würde, den Sinn seiner Argumente adäquat zu verstehen und ihre Wahrheit definitiv zu beurteilen" (Maas 1972, S. 192)[46]. Die definitive Beurteilung der Wahrheit existiert in der Realität nicht. Um diese Lücke zwischen realen und idealen Gemeinschaften zu vermindern, können die Medien gesellschaftliche Prozesse unterstützen.

Medien tragen zum Bildungsprozess einer Gemeinschaft bei. Die Kommunikation passiert mithilfe von Medien, welche Informationen verbreiten. Diese Verbreitung trägt zur Entwicklung der Gesellschaft bei, weil man durch sie lernen, beobachten, wahrnehmen und als aktive Teilnehmer der Kommunikationsprozesse in der Gesellschaft eigene (Medien-) Produkte gestalten kann. Dieser Prozess fördert außerdem die Vernetzung mit anderen Gemeinschaften, was die Ergebnisse der Kommunikationsprozesse verstärken kann.

---

46   In: Baacke, 1997, S. 51-52

Wo Bildung stattfinden kann, wurde bereits an mehreren Stellen erwähnt. Medien sind aber auch ein Ort für Diskussion, Selbstorganisation und Selbstreflexion. Wenn sie für diesen Zweck herangezogen werden, sind sie natürlich auch ein Ort, wo Bildung passiert. Intensiver Informationsaustausch und Inhaltsgestaltung müssen nicht unbedingt im Bildungsgebäude passieren, da in vielfältigen Kommunikationsstrukturen Informationen bearbeitet werden können. (Vgl. Kapitel 4)

Im Rahmen meines Gesprächs mit Dr. Süss[47] habe ich ihn gefragt, welche seiner Meinung nach die wichtigsten Voraussetzungen in einem Bildungsprozess durch Medien seien.

Einen zentralen Punkt sieht Süss in der Erfolgsorientierung und der „Selbstwirksamkeitsüberzeugung", das heißt, dass er von der Vorstellung ausgeht, dass man selbst etwas bewirken kann und ein Vorhaben Früchte tragen wird. Des Weiteren hält er soziale und kommunikative Kompetenzen für wichtig, wobei diese in einem Projekt gleichzeitig auch gefördert werden.

Er hält fest, dass es nicht notwendig ist, dass alle Mitglieder der Gemeinschaft alle Kompetenzen haben, sondern dass sich die Kompetenzen der Mitglieder ergänzen und somit die Individuen auch ein Gefühl für den eigenen Wert erleben können.

Zum Schluss wird auf die Position von Daniel Süss eingegangen, der festhält, dass Medienpädagogikkonzepte bei Gesellschaften, die durch Kriege zerstörten wurden, eine aktive Unterstützung für die Selbstorganisation und den Wiederaufbau einer Gemeinschaft darstellen können. Dies ist Gegenstand des folgenden Kapitels.

5.5 Medienpädagogik im Rahmen der vorliegenden Untersuchung

Um die bosnische Gesellschaftsrealität besser kennenzulernen und die dahinter liegenden Problematiken besser begreifen zu können, habe ich den Medienpädagogik-Experten Dr. Daniel Süss[48] interviewt. Es handelte sich um ein exklusives Gespräch, das sich dem Schwerpunkt „Medienpädagogik in zerstörten Gesellschaften" widmete.

Die vorliegende Arbeit geht von der Hypothese aus, dass kulturelle Projekte ein Bildungsmittel darstellen können. Was meinen Sie dazu?

„Wenn man gemeinsam ein Medienprodukt entwickeln will, und so gesehen ist das sicher für das soziale Lernen aber auch für das Lernen von Ausdrucksmöglichkeiten

---

47   Süss, Daniel. Experteninterview (Zürich, 23.04.2008)
48   Süss, Daniel. Experteninterview (Zürich, 23.04.2008)

eine ganz wichtige Chance. Kulturelles aufzubauen heißt auch, an eine Zukunft und an eine Entwicklung zu glauben, durch diese kulturellen Produktionen z.b. ein Festival mit Sängern, Theaterspiel, Musik, und Jugendlichen als Zielpublikum eine Entwicklung selber zu schaffen" *(Süss)*

Kulturelle Projekte tragen einen relevanten Teil zur Selbstorganisation zerstörter Gesellschaften bei, wenn eine Gesellschaft offen für solche Initiativen ist. In der Republik Bosnien und Herzegowina finden verschiedene Projekte statt, aber die Gesellschaft scheint sich nicht verändern zu wollen. Es gibt da eine Barriere, die eine Weiterentwicklung verhindert.

„Da müsste man natürlich untersuchen, woher diese Barriere kommt. Es gibt Untersuchungen, die zeigen, dass Menschen, die keine Perspektiven für sich sehen – also beispielsweise in der Untersuchung der Arbeitslosigkeit – Menschen, die keine Arbeit haben, die werden immer resignierter und bringen auch die Kraft gar nicht mehr auf, etwas Neues auszuprobieren, weil sie bereits denken, das bringt sowieso nichts. Ich habe sowieso keine Zukunftschancen und andere werden sich bereichern und so weiter. Wenn diese Resignation mal da ist, muss man diese zuerst in kleinen Schritten überwinden, um dann den Leuten wieder eine Perspektive anzubieten. Das wäre ein wichtiger Punkt und das kann auch heißen, es braucht vielleicht ganz konkrete Hilfe und Unterstützung. Wenn also jemand sagt, ich kann zwar bei einem Theaterprojekt mitmachen, aber ich weiß nich,t wie ich meine Ausbildung oder die Ausbildung meiner Kinder weiterbringen kann, dann bringt das auch nichts. Das muss auch eingebettet sein in Zukunftsperspektiven, die sichtbar sind. Das heißt, vielleicht können dann aber auch Theaterprojekte gerade diese Themen, die eben vielleicht zur Resignation führen, aufgreifen, das zum Gegenstand machen und zum Beispiel damit arbeiten, welche Ideen aus dieser Situation herausführen oder diese verändern können". *(Süss)*

Es ist wichtig, Begegnungsstätten aufzubauen, um wieder Inhalte anbieten zu können. Jugendliche können zur Motivation beitragen.

„Man kann die Jugend dann ansprechen, wenn man über die Zukunft nachdenkt und über mögliche Entwürfe von Zukunft – nicht über die Vergangenheit. Der Blick muss nach vorne gerichtet sein und eben Perspektiven sichtbar gemacht werden: Wie kann man gemeinsam etwas Neues aufbauen, was dann Perspektiven eröffnet?" *(Süss)*

In Post-Konflikt-Gesellschaften spielen die Medien (als Bildungsgrundlage) in Bezug auf Selbstorganisation und Wiederaufbau eine andere Rolle als in anderen Gesellschaften.

„Medien haben grundsätzlich die Funktion der Selbstreflexion der Gesellschaft, sie bieten eine Möglichkeit an, die Gesellschaft zu spiegeln und Diskurse aller Art – politische, kulturelle usw. – für alle zugänglich zu machen. In der Zeit nach einem Konflikt können die Medien auch helfen, Dinge aufzuarbeiten, Erklärungen zu liefern und auch Verantwortlichkeiten sichtbar zu machen, also ein Gefühl von Gerechtigkeit herzustellen. Ist das Gefühl da, dass es Verantwortliche gab, die nicht zur Verantwortung gezogen wurden, dann können die Medien auch beitragen, dass hier ein Gefühl von wiederhergestellter Gerechtigkeit erzeugt wird. Oder die Medien können den Leuten, die sich machtlos fühlen, eine Stimme geben, damit sie sich artikulieren können, ihr Blickwinkel öffentlich thematisiert wird, es Reaktionen darauf gibt und sie nicht einfach ignoriert werden. In diesem Sinn glaube ich, dass die Medien auch das Gefühl vermitteln können, dass die Gesellschaft funktioniert. Dass es also gerechte Chancen für die verschiedenen Mitglieder dieser Gesellschaft gibt, auch gehört zu werden." *(Süss)*

Das Vertrauen ist eines der wesentlichen Elemente in einem Bildungsprozess. 63%[49] der Bevölkerung in der Republik Bosnien und Herzegowina glaubt jedoch, dass die Medien korrupt sind. Wie Medienpädagogik in diesem Fall lenkend eingreifen kann, darüber spricht Süss folgendermaßen:

„Das ist sicher ein wichtiger Punkt. Wenn die Leute auch real erlebt haben, dass die Medien für propagandistische Zwecke missbraucht werden, stehen sie neuen Medienangeboten grundsätzlich skeptisch gegenüber. Das ist nachvollziehbar und wäre somit auch der Ausgangspunkt für die medienpädagogischen Ansätze. Wichtig ist das Aufgreifen dieses Misstrauens: Es muss hinterfragt werden, an welchen Anhaltspunkten man zum Beispiel einen fairen Journalismus von einem demagogischen Journalismus unterscheiden kann oder woran man merkt, dass bestimmte Interessengruppen die Medien manipulieren oder beeinflussen und an welchen Merkmalen man objektive und ausgewogene Medienberichterstattung erkennen kann. Ich glaube, diese Skepsis gegenüber den Medien muss dann zum Anlass genommen werden, um aufzuzeigen, woran man beispielsweise Qualitätsunterschiede festmachen kann." *(Süss)*

Die hohe Arbeitslosigkeit (ca. 45,5%[50]), die Nicht-Anerkennung bosnischer Universitätsdiplome, die Schwierigkeit, z. B. ein Visum für die Ausreise in andere Länder zu erhalten, prägen in Der Republik Bosnien und Herzegowina den Diskurs *„because of the war"*, d.h. dass an allem der Krieg schuld ist. Diese Einstellung bremst den Entwicklungsprozess der Gesellschaft. Nach Süss könnte

---

49   UNDP – United Nations Development Program (in April 2001 for the Early Warning Systems report)
50   http://www.fzs.ba/Eng/index.htm (Stand: 14.05.2008)

Medienpädagogik durch die Kompetenzentwicklung stattdessen zu einer positiveren Haltung und damit zur Veränderung des Diskurses beitragen.

„Geht es in einer Gesellschaft vielen Leute schlecht und wird gesagt, dass dies alles wegen des Krieges ist und der Krieg quasi alle Perspektiven zerstört hat, dann ist es sicher sehr schwierig, von dieser Grundhaltung wieder Abstand zu gewinnen. Denn es ist ja ein Erklärungsmuster, das die einzelnen Person von Verantwortung entlastet. Diese Erklärung, dass alles wegen des Krieges ist, dass es quasi keine Perspektive gibt, verhindert beispielsweise zu sagen: ‚Es gibt Unterschiede und ich könnte etwas machen, um diese Situation zu verändern, ich könnte selbst Verantwortung übernehmen'. Medienpädagogik ist nicht einfach ein Heilmittel, um irgendetwas zu verändern, aber man kann etwas Kreatives schaffen. Man erhält dadurch die Chance, sich selbst als jemanden zu erleben, der etwas verändern und entwickeln kann. Etwas, das wahrgenommen wird, das beispielsweise vor einem Publikum aufgeführt werden kann, ist schon mal ein Potenzial, um sich nicht als bedeutungslos zu erleben. Ich glaube jedoch, Kultur oder Medienpädagogik allein – das heißt ohne die Einbettung in ganz handfeste wirtschaftliche Unterstützung bzw. bestimmte Dinge, die eine Wertigkeit vermitteln – kann nichts verändern". *(Süss)*

Eine weitere Überlegung zur bosnischen Gesellschaft bezog sich auf ihren geteilten religiösen Zustand. Beispielsweise kann man bei einem Spaziergang am Friedhof fünf voneinander getrennte Bereiche erkennen (Muslime, Katholiken, Juden, Orthodoxe und Nichtgläubige) und man merkt in verschiedenen Gebieten der Stadt Sarajevo oder in anderer Städten (wie Mostar, Tuzla, Medjugorje, Blagaj), welche Religion die Stadt bestimmt.

Dabei stellt sich unvermeidlich die Frage, wie man in einer religiös geteilten Gesellschaft durch Medien gemeinsame Kompetenz entwickeln kann, ohne weitere Konflikte zu provozieren.

Dazu sagt Süss Folgendes:

„Es gibt in verschiedenen Krisenregionen Projekte, die versuchen, die Zusammenarbeit über Grenzen hinweg zu fördern. Zum Beispiel in Nordirland zwischen Katholiken und Protestanten oder in Israel und Palästina zwischen Juden und Palästinensern. Und wenn man eben Leute findet, die mal grundsätzlich offen sind und die dann gemeinsam etwas unternehmen, sagen, wir machen gemeinsam einen Film oder ein Theaterstück, dann kann man sich auf eine neue Weise begegnen und das heißt aber, man sollte nicht die Leute als Mitglieder einer bestimmte Gruppen ansprechen, sondern möglichst als Individuen, die etwas machen und mit anderen Individuen zusammenkommen möchten. Dadurch erlebt man, dass man gut zusammen arbeiten kann, obwohl man aus verschiedenen Gruppen kommt. Das ist wahrscheinlich eher in einer kleineren Gruppe möglich, da das ‚Fremde' meist dann bedrohlich wirkt, wenn es in einer großen Gruppe auftritt. Es ist eine andere Ausgangslage, wenn man Fremden in einer größeren Masse begegnet oder wenn sich zwei Individuen gegenüber stehen. Im letzten Fall ist man eher dazu geneigt, offener zu sein, kann primär über gemeinsame Interessen reflektieren und nicht über das, was einander trennt, wie beispielsweise der Krieg oder die Religion."*(Süss)*

Es ist also möglich, die religiösen Eigenschaften aus der Diskussion auszuklammern, und mit dem Individuum zu arbeiten.

„Man kann sagen, es gibt etwas wie eine persönliche Identität und eine soziale Identität. Man kann jemanden entweder über seine Zugehörigkeit zu einer bestimmten Gruppe, über seine Religion oder politische Einstellungen definieren. Dann tendiert man meist eher dazu, die eigene Gruppe aufzuwerten und alle anderen abzuwerten. Auch ist es möglich, quasi negative Seiten in die andere Gruppe zu projizieren. Das kann man nur, wenn man sich über diese soziale Identität definiert. Und sobald man sich als Individuum versteht und offen ist, ein anderes Individuum kennenzulernen, dann muss das nicht so spielen, sondern dann kann man auch neugierig auf die Art der anderen Person sein".*(Süss)*

Der Möglichkeit, dass kulturelle Projekte in einer Gesellschaft ‚pädagogisch' wirken können, lässt wahrscheinlich noch eine Weile auf sich warten, weil die Bereitschaft immer noch gering ist, da die Gesellschaft derzeit immer noch von schlechten Erinnerungen geprägt ist. Ich denke, dass möglicherweise erst eine nächste Generationen soweit ist.

„Die Frage ist ja, wo ist die Bereitschaft am größten ist, etwas zu machen. Vielleicht ist es beispielsweise möglich mit Gruppen zu arbeiten, die nicht verfeindet waren. Das wäre vielleicht ein erster Schritt. Im Anschluss könnte man schrittweise sehen, wo es möglich ist, auch über die ehemalig verfeindeten Gruppen hinweg, etwas gemeinsam zu machen. Es kann auch hilfreich sein, ein Projekt zu machen, das zum Beispiel verschiedene Perspektive austauscht. Ich erinnere mich an das ‚Medienprojekt Wuppertal', wo Videoproduktionen gemacht wurden. Ein Thema war auch im Vorfeld des Irak-Krieges: Jugendlich aus den USA, Irak und Deutschland haben miteinander ein solches Projekt gemacht. Sie haben jeweils in ihrem Land Videos erstellt und diese dann einander per Internet geschickt, miteinander telefoniert und Filme gemacht, um die verschiedenen Perspektiven miteinander zu vergleichen. Es wäre auch möglich, dass verschiedene Gruppen für sich ein Projekt machen und es nachher einer anderen Gruppe vorstellen, die machen auch ein Projekt und stellen es dieser Gruppe vor, sodass man auf diese Weise über die kulturellen Produkte in eine Austauschperspektive kommt. Dass man auch sieht, wie sie gesehen wird, wie das die anderen sehen, dass man vielleicht auch ein Thema daraus macht, also nicht nur die eigene Position darstellt, sonder auch versucht, Brücken zu bauen und sich fragt, wie man die Perspektive von anderen religiösen oder ethnischen Gruppen in die eigene Produktion miteinbeziehen könnte. Vielleicht braucht es also verschiedene Schritte: Zuerst arbeitet man in den einzelnen Gruppen und dann öffnen sich die Gruppen schrittweise auch gegenseitig".*(Süss)*

Jene Forschungsfrage, die sich auf die Medienpädagogik als aktive Unterstützung für die Selbstorganisation einer Gemeinschaft bezog, wurde von Süss wie folgt beantwortet:

> „Medienpädagogik ist in verschiedenen Kontexten eingebettet: Zum Teil wird sie als eine Möglichkeit betrachtet, Menschen Kulturtechniken erwerben zu lassen, die sie brauchen, um in einer Gesellschaft ein vollwertiges Mitglied sein zu können. Wenn wir unsere heutigen Gesellschaften als Mediengesellschaften verstehen, dann ist Medienpädagogik ein wichtiger Beitrag, um überhaupt ein handlungsfähiges Individuum in einer solchen Gesellschaft sein zu können. Das wäre quasi die Makroperspektive für die Gesellschaftsentwicklung. Es gibt auf verschiedenen Ebenen Potenziale, zum Beispiel werden auch in der persönlichen Biographie die Medien genutzt, um sich selbst zu finden oder um sich mit ‚peer-groups' zu vernetzen. Medien sind dabei dann so etwas wie ein Katalysator, um sich in diesem realen sozialen Netzwerke einzubringen oder solche Netzwerke überhaupt entstehen zu lassen. Ich würde mal sagen, es gibt ganz verschiedene Ebenen, auf denen eben dieser Beitrag zur Gemeinschaftsbildung durch die Medien primär stattfindet. Medienpädagogik soll Individuen befähigen, dass sie handlungsfähig sind, dass sie sich entwickeln und mit Hilfe verschiedenartiger Symbolsysteme multimedial ausdrücken können." *(Süss)*

Süss erwähnt, dass kulturelle Projekte auf jeden Fall eine Grundlage für Bildung sein können, da die Menschen Teil eines kreativen Prozesses werden und gemeinsam etwas aufbauen. Die Zusammenarbeit ist ein wichtiger Lernprozess, da die beteiligten Personen erkennen, wie sehr man aufeinander angewiesen ist.

Wenn sich einerseits Erziehung und Bildung mit den Verhältnissen der Menschen befassen (vgl. Kapitel 5.1) und anderseits die Selbstorganisation (vgl. Kapitel 3) prozessorientiert ist und beobachtbare Verhältnisse produziert, die durch die Medien vermittelt werden können, dann findet Selbstorganisation statt und die Medien funktionieren als Bildungsmittel und unterstützen die Selbstorganisation einer Gemeinschaft.

6 Bildungsmittel

6.1 Dokumentarfilm als Bildungsmittel

Filme haben eigenständige Bildungsfunktionen. Sie sind unter anderem didaktisches Hilfsmittel, Kommunikationsmittel zwischen Einzelnen und gesellschaftlichen Gruppen ohne vorrangige Profitinteressen, aber auch Dokumentationsformen für zeitlich oder örtlich entfernte Vorgänge (vgl. Hoffmann, 2003, S. 122). Der Dokumentarfilm verdoppelt die gesellschaftliche Wirklichkeit und stellt keine reflektierende Oberfläche dar. (Vgl. in Hohenberger, 1998, S. 164)

Ein Dokumentarfilm bietet einen anderen Blickwinkel als ein Spielfilm. Der Dokumentarfilm stellt ausschließlich eine Wirklichkeit dar[51], die nicht von ökonomischen Elementen abhängig ist und sich an Bildungseinrichtungen orientiert. Seine gesellschaftliche Funktion besteht in einem Anspruch auf Aufklärung und Wissen, das von Ereignisverläufen der Wirklichkeit abhängig ist. Der Dokumentarfilm ermöglicht ein pragmatisches Kennenlernen eines Ausschnittes der Welt. (Vgl. Hohenberger, 1998, S. 21)

> „Der Dokumentarfilm vermittelt Weltbilder und schafft konsensualen Wert im Rahmen demokratischer Gesellschaftsnormen. Mit Grierson[52] etabliert sich der Dokumentarfilm auch als alternative Institution. (...) Griersons Dokumentarfilmtheorie ist daher in erster Linien wirkungsbezogen. (...) Der Dokumentarfilm ist die kreative Behandlung, der kreative Umgang mit der aktuellen Wirklichkeit." *(Hohenberger, 1998, S. 13)*

Die Möglichkeiten des Mediums Dokumentarfilm könnten noch ausgeweitet werden. In einer Gesellschaft, die wenig Vertrauen in Medien hat, wären Dokumentarfilme ein möglicher Ausweg, um Probleme frei aufzuzeigen und gemeinschaftliche Schwierigkeiten abhandeln zu können. Ein Film über den Krieg ist zum Beispiel nicht eine Abfolge von Aufnahmen, sondern zeigt Bilder bzw. Szenen einer Wirklichkeit.

Die Handlung kann im Berichten über das soziale Feld bestehen. „Dokumentarfilme vermitteln Weltbilder und schaffen konsensuale Werte im Rahmen demokratischer Gesellschaftsnormen." (Hohenberger, 1998, S. 14)

---

51   Vgl. Bessy, M.; Chardon, J. L. Dictionnaire du Cinéma et de la Télévision. S. 124. In: Wippersberg, Julia . Was dokumentiert der Dokumentarfilm? Über die Wirklichkeit und ihre Konstruktion im Dokumentarfilm. Universität Wien, Diplomarbeit, 1998.
52   Grierson, John. Gründsätze der Dokumentarfilms. In: Hohenberger, Eva. (1998). Bilder des Wirklichen. Texte zur Theorie des Dokumentarfilms. Berlin (Vorwerk 8) S. 13-14

„Die wissenschaftlichen Theorien des Dokumentarfilms sollen immer dann reflexive Theorien genannt werden, wenn sie zentrale Problemfelder normativer Theorie aufgreifen und bearbeiten, ohne deren gesamtgesellschaftlichen Radius einholen zu können oder es überhaupt zu wollen." *(Hohenberger, 1998, S. 30)*

6.2 Der Dokumentarfilm – Revival

Das Ziel der Produzentinnen Kirsten Astrup und Danica Curcic[53] war es, im Rahmen des Festivals Kontakt zwischen der Vergangenheit und der Gegenwart Sarajevos herzustellen. Sie wollten dokumentieren, wie die Gesellschaft an einem Festival teilnimmt, an dem über die eigene Zukunft gesprochen wird. 35 Stunden wurden aufgenommen. Aus diesem Material wurden 29 Minuten geschnitten. Zur Frage, ob dieser Dokumentarfilm tatsächlich als Bildungsgrundlage verwendet werden könnte, merkten die beiden Produzentinnen an:

> „It's a possibility to show the people that don't know anything a view how it is through the personal histories and that they should or can do something. We showed that there's a gap in theses 10 Years (1995-2005), there's no war anymore. And they don't know what happened in the meantime. Nothing happened. We wanted to fill this gap. There's no war anymore. We would like to show it to people outside Bosnia, inform that they can go there and do something for this society. You can go there and get some experience. People don't know that the war has finished." *(Curcic)*

Nicht nur Universitäten können die Mitglieder einer Gesellschaft bilden. Curcic und Astrup sind der Ansicht, dass der Dokumentarfilm für viele Menschen ein erster Anstoß sein kann. Durch seine multimedialen Mitteln kann er seine Wirkung unmittelbar entfalten, indem sich die Betroffenen persönlich angesprochen fühlen, insbesondere dann, wenn sie sich selbst darin wiederfinden und/oder mit den Personen, Inhalten und Werten identifizieren können.

Die Produzentinnen glauben, dass sie mit dem Film den Menschen nicht beigebracht haben, wie sie etwas weiter machen oder ändern können, ihnen aber doch gezeigt haben, was man für Möglichkeiten hat, über die Gesellschaft nachzudenken.

Der Dokumentarfilm ist nicht nur in Sarajevo gezeigt worden, sondern auch in anderen europäischen Ländern wie Italien, Deutschland und Dänemark. Der Film wurde ursprünglich für zwei Zielgruppen gemacht: Für bosnische Bürger, die vom Krieg direkt betroffen waren, und für Menschen, die nur via Medien davon erfahren haben bzw. ihn nicht bewusst miterlebt haben, weil sie z. B. noch zu klein waren.

---

53   Astrup, Kirsten; Curcic, Danica. Expertinneninterview (Berlin, 10.03.2008)

„In Bosnia, for example, after the film, they cried. It is something nostalgic. The people outside ask: 'Do they speak English?' (…) A lot of people saw it at the Balkan Festival and many people sad: 'I have to go there and do something'. We would like to show it in Sarajevo and let the youth do something there. We don't think the young people think too much about that." *(Astrup)*

Meiner Meinung nach spielen die Akteurinnen[54] eine zentrale Rolle, vor allem dann, wenn man an deren Vertrauenswürdigkeit denkt. Erzähler spielen generell eine spezielle Rolle in einem Dokumentarfilm. In diesem Film ist es die bekannte bosnische Schriftstellerin Ferida Durakovic. Weshalb sie dazu eingeladen wurde, erklären die Produzentinnen folgendermaßen:

„She was in the youth house when it was bombed. She is a kind of eyewitness and she talks about the history of Dom Mladih. She's also very strong in her believes in youth and really wants to change something – with her strong believe. In contrast to some people of her generation"(Curcic)[55]

Leute wurden anonym auf der Straße gefragt, ob sie ebenfalls zum Festival kommen möchten. Die Produzentinnen glaubten, den Bürgern damit die Möglichkeit zu geben, sich auszudrücken. Viele antworteten jedoch nicht.

Ein Dokumentarfilm kann die Werte einer Gesellschaft fördern. Er kann als wichtiges Element im Rahmen der Bildung betrachtet werden. Der Film ist in seiner Funktion als Bildungsvermittler ein Spiegel der eigenen Werte. Die Förderung dieser eigenen Werte wird an einer späteren Stelle thematisiert. (Vgl. Kapitel 9)

Ich habe die Produzentinnen befragt, warum sie am Ende des Films die beiden Brüder zeigen, die ein Jahr nach dem Festival sagen: *„ We didn't do anything because we don't know what to do "*. Ich wollte wissen, was sie mit dieser Aussage bewirken wollten, wo sie doch vorher so viel Positives gezeigt haben.

„Because it's the reality. It's Sarajevo and it's not easy to start something there. It's fine that we from outside planned something. But from inside it's difficult. We don't want to show in our film that everything is fine there. The people should see that Sarajevo needs help, they should continue." *(Curcic und Astrup)* [56]

---

54   Im Dokumentarfilm sind sie die Erzählerinnen
55   Astrup, Kirsten; Curcic, Danica. Expertinneninterview (Berlin, 10.03.2008)
56   ibd.

7 Fallstudie

7.1 Das Revival Festival

Im Frühling 2004 führte *Ask Sarajevo*[57] eine Initiative durch, bei der 600 Personen zwischen sechs und 30 Jahren auf eine 5.000 Quadratmeter große Zeltleinwand malten, was sie mit Sarajevo verbindet bzw. was Jugendliche eigentlich an Sarajevo mögen. 77% der Personen würden Die Republik Bosnien und Herzegowina verlassen, wenn sie die Möglichkeit hätten.

Eine Quelle aus dem Jahr 2005 ist in der nachfolgenden Graphik dargestellt: Zu diesem Zeitpunkt lebten 788.609 Ausländer in Österreich, davon stammten 11,53% (90.988) aus der Republik Bosnien und Herzegowina, dem vierthäufigsten Herkunftsland.

Zum einen hat *Ask Sarajevo* das Revival Festival organisiert, weil diese Institution das Jugendhaus „Dom Mladih" wieder aufbauen wollte. Zum anderen wurde „This is", ein multimedial-dokumentarisches Projekt, ins Leben gerufen, welches den Dokumentarfilm *Revival* produzierte. Eine Gruppe aus Dänemark, Deutschland, der Republik Bosnien und Herzegowina, Serbien und aus den USA hat das Projekt zusammen mit Jugendlichen aus Sarajevo gestartet.

Dom Mladih wurde 1992 während des Krieges in Der Republik Bosnien und Herzegowina bei einem Bombenangriff zerstört. Vor dem Krieg war es quasi „das Herz" der Jugendkultur, ein Ort, an welchem Konzerte, Parties und Projekte stattfanden.

Die Dokumentation des Revival Festivals begann im Mai 2005, als etwa 8.000 Menschen aus Sarajevo und der ganzen Welt die erste, kurzzeitige Wiedereröffnung des Jugendhauses zusammen feierten. Das Projekt lief weiter und die Gruppe konnte in den folgenden Jahren weitere Filme, Fotos, Texte und Sticker produzieren.

Jugendliche und freiwillige Helfer aus der ganzen Welt haben mitgeholfen, das Jugendhaus wieder zu eröffnen. Dies war wichtig, um Druck auf die Politik auszuüben, die Sanierung des Gebäudes voranzutreiben.

---

57 Dänische NGO (ein Team junger Menschen, das in Folge eines Forschungsprojekt in Sarajevo das Revival Festival organisiert hat)

Grafik 1: Ausländer in Österreich – Herkunft

Ausländer in Österreich – Herkunft	
Bosnien-Herzegowina	90988
Deutschland	94672
Kroatien	58719
Mazedonien	15986
Polen	27056
Russland	14272
Serbien-Montenegro	137662
Türkei	116882
Ungarn	15455
Europa	685156
Asien	50519
Afrika	20124
Amerika	15526
Rest	17284
Im Jahr 2005 lebten 788609 Ausländer in Österreich	

„Während des Revival-Festivals 2005 kamen viele internationale Bands, Künstler und Pressevertreter in die Stadt – in diesem Rahmen entstanden Fotos, Filme und Interviews, die von der Jugend Sarajevos, ihrer traumatischen Vergangenheit, aber vor allem von ihrer Zuversicht in die eigene Zukunft und die Zukunft ihrer Stadt erzählen."[58]

Die Inhalte, die gesammelt wurden, boten die Möglichkeit, Auswege aus einer problematischen Gesellschaft aufzuzeigen. Trotzdem fand das Festival kein zweites Mal statt. Der Grund dafür liegt wohl darin, dass Dom Mladih seit der Wiedereröffnung zu kommerziellen Zwecken genutzt wird.

Meine Arbeit ist bereits eine Folge der Wirkung der gesammelten Inhalte. Der Dokumentarfilm hat mein Interesse an der Thematik geweckt, ich wollte mehr darüber erfahren. Bestimmt gibt es auch andere Zuschauer, bei denen der Film etwas ausgelöst hat.

---

58   http://this-is.org (Stand: 20.10.07)

8 Methodendesign

8.1 Methode

Um die Forschungsfragen zu beantworten und das Revival Festival erfolgreich analysieren zu können, wurde der Forschungsprozess der Inhaltsanalyse nach Werner Früh[59] als Ausgangspunkt verwendet. Im Rahmen qualitativer Sozialforschung ist die Inhaltsanalyse ein standardisiertes Verfahren und stammt aus der Kommunikationswissenschaft. Laut Flick basiert jede empirische Untersuchung auf der Annahme, dass nur Ausschnitte der sozialen Wirklichkeit erfasst werden können (vgl. Früh 2001, S.75). In der vorliegenden Arbeit werden drei Forschungsfragen behandelt, die einen möglichen Denkansatz für die Zukunft zerstörter Gesellschaften liefern können.

> „Die Systematik der Inhaltsanalyse fordert, dass alle interessierenden Textelemente dieselbe Chance haben müssen, erfasst zu werden." *(Früh, 2001, S. 76).*

Das Verfahren bietet die Möglichkeit, mit Experten aus anderen Wissenschaftsbereichen zusammenzuarbeiten. Bei dieser Untersuchung wurden die Experten Dr. Tarik Jusic, Prof. Dr. Daniel Süss, die Produzentinnen Danica Curcic und Kirsten Astrup und die „This Is"-Leiterin Eva Wilson[60] interviewt. Diese Interviews führten zur Erhebung von umfangreichem Datenmaterial und vielfältigen Argumenten für die Analyse. Es war eine Herausforderung, nur die wichtigsten Daten und Informationen auszuwählen, da eine große Informationsmenge mithilfe dieser Methode gesammelt wurde. Die Forschungsfrage musste immer im Zentrum der Betrachtung stehen. Meiner Meinung nach bietet diese empirische Methode eine unschätzbare Möglichkeit, die Wirklichkeit besser zu begreifen.

Eine 10-tägige Reise nach Bosnien (u.a. Sarajevo, Mostar, Tuzla) war eine weitere Gelegenheit, Daten zu sammeln. Jede Begegnung bot die Chance zu einem Interview.

Der polnische Journalist Ryszard Kapuscinski[61] verwendete in seinem Werk „Die Welt im Notizbuch" für seine Berichte die Tagebuchform, was mich dazu inspirierte, für meine Untersuchung ebenfalls die Tagebuchform zu wählen.

---

59 Früh, Werner (2001). Inhaltsanalyse. Konstanz (UTB)
60 Wilson, Eva. Expertinneninterview (Berlin, 25.04.2008)
61 Kapuscinski, Ryszard (2005). Die Welt im Notizbuch.

Während meines Aufenthalts in Bosnien verbrachte ich eine Zeit lang mit einer bosnischen Familie. Der Vater hat während des Krieges um Tuzla gekämpft. Die 78-jährige muslimische Großmutter lebt heute so, als hätte sie den Krieg gar nicht erlebt[62]. Ein Taxifahrer, der bei der österreichischen Botschaft in Sarajevo arbeitet, hat den Krieg ebenfalls miterlebt und erzählt heute seinen Kindern (7 und 14 Jahre alt), dass dieser Vergangenheit ist und sie sich mit anderen Leuten verständigen müssen, um ein friedliches Leben möglich zu machen. Studierende, die den Krieg eher unbewusst miterlebt haben, versuchen heute zu verstehen, welche Schwierigkeiten es mit sich bringt, Grenzen zu überschreiten. Mit all diesen Menschen habe ich viel erlebt und dabei immer wieder gemerkt, dass meine Arbeit ein aktuelles Thema behandelt und schon allein deshalb Sinn macht.

In zerstörten Gesellschaften müssen sich Menschen stark für die Selbstorganisation der Gemeinschaften einsetzen, um sich eine bessere Zukunft zu sichern. Wir Journalisten und Kommunikationswissenschaftler können mit unserem Werkzeug – den Medien – die Aufgabe, für die Entwicklung von Medienkompetenz zu sorgen, erfüllen.

8.2 Perspektive der Analyse

Von den multimedialen Kommunikationsmitteln (Fotos, Dokumentarfilm, Sticker, Onlineberichterstattung und Blog), die im Rahmen des Festivals von „This is" produziert wurden, wurde der 29-minütige Dokumentarfilm Revival inhaltlich analysiert. Er ist eine Zusammenfassung des kulturellen Projekts Revival Festival in Dokumentationsform. Unter anderem werden Aspekte wie Backstage, Partizipation des Publikums, Abläufe, Meinungen der Akteure der Gesellschaft usw. gezeigt. Im Mittelpunkt des Filmes steht „ … *die Geschichte des Dom Mladih, des im Krieg zerstörten Jugendhauses der Stadt, seine Wiedereröffnung im Jahr 2005 und der Kampf der Jugend um ihren Platz und eine eigene Stimme. Der Film wurde im September 2006 im Kino Bosna in Sarajevo erstaufgeführt und wurde seitdem in Sarajevo und Mostar gezeigt, im landesweiten bosnischen Fernsehkanal FTV im Februar 2007 übertragen und für verschiedene internationale Filmfestivals und -wettbewerbe nominiert.* "[63]

Das Mittel des Dokumentarfilms Revival wurde wegen seiner speziellen Eigenschaften (vgl. Kapitel 6) gewählt. So kann man herausfinden, welche Kommunikationsinhalte das Festival vermittelt und ob der Inhalt des Films zur Behauptung des Forschungsauftrages passt.

---

62   „Ich tanze, ich bete, ich treffe mich mit meinen Freundinnen, zusammen leben wir weiter", sagte sie.
63   http://www.this-is.org/de/index.html (Stand: 10.06.2008)

„Die Analyseeinheiten interessieren hinsichtlich ihrer Information über das Thema. Es gliedert den komplexen Forschungsgegenstand in inhaltlich abgrenzbare Teilaspekte. Die Inhaltsanalyse befasst sich mit dem Kommunikationsinhalt, der durch die Forschungsfragen eingegrenzt ist." *(Früh, 2001, o.S).*

Die Dramaturgie sowie Aspekte wie Musik, Kameraeinstellung und Montage wurden bei dieser Untersuchung nicht berücksichtigt. Verschiedene Elemente des Films werden aber in den Interviews mit den Produzentinnen Danica Curcic, Kerstin Astrup und der Leiterin Eva Wilson erwähnt. Das Hauptziel der qualitativen Inhaltsanalyse ist die Erschließung der gesamten Bedeutung des Inhalts des Dokumentarfilms, um so die Bedingungen für die Entwicklung der Gesellschaft, die aus dem Inhalt hervorgehen, zu erfahren.

Die drei Forschungsfragen – „Wie trägt das *Community Building*-Konzept zur Selbstorganisation und zum Wiederaufbau zerstörten Gesellschaften bei?", „Inwiefern tragen die Medien zur Selbstorganisation einer Gemeinschaft bei?" und „Inwiefern kann Medienpädagogik eine aktive Unterstützung für die Selbstorganisation einer Gemeinschaft sein?" – wurden als Entdeckungspotenzial betrachtet und demzufolge eine geschlossene Hypothese aufgestellt, welche besagt, dass kulturelle Projekte als Bildungsmittel für die Selbstorganisation und den Wiederaufbau der Kommunikationsstrukturen in Gesellschaften, die durch Kriege zerstört wurden, dienen.

8.3 Dimensionen

Die Untersuchungsgegenstände bzw. Kommunikationsmerkmale wurden für die Inhaltsanalyse in fünf Dimensionen unterteilt: *Community Building*, Selbstorganisation, Wiederaufbau, Medien und Medienpädagogik. Diese stellen auch die Hauptkategorien des Grobrasters der inhaltsanalytischen Klassifikation dar (siehe Abb. 1).

Abbildung 1: Dimensionen

Nr.	Label	Dimension
1	CB	*Community Building*
2	SO	Selbstorganisation
3	WB	Wiederaufbau
4	ME	Medien
5	MP	Medienpädagogik

Unter dem Aspekt der ersten Dimension, *Community Building,* versteht man den Inhalt des Films folgendermaßen: Der Inhalt

- berücksichtigt die vielfältigen Eigenschaften der Gemeinschaft und sorgt für Inklusivität, Verantwortlichkeit und Konsens, indem er die „Diversity Aspekte" thematisiert (vgl. Abb 3, Kategorie 1.1).
- fördert gemeinsame Entscheidungen und das Bewusstsein der Abhängigkeit untereinander. Das bedeutet auch, dass die Zivilgesellschaft (vgl. Abb 3, Indikator CB008) aktiv mit den anderen Akteuren der Gesellschaft zusammenarbeitet (vgl. Abb. 3, Kategorie 1.3).
- macht deutlich, dass in einer Gemeinschaft andere Verhaltensweisen ausprobiert werden können und die Suche nach Frieden praktiziert werden kann (vgl. Abb. 3, Indikator CB009).
- zeigt, dass ein Gleichgewicht zwischen den positiven und negativen Aspekten in einer Gemeinschaft existiert (vgl. Abb. 3, Indikatoren CB010, CB011).
- vermittelt, dass die Kooperation ein Schwerpunkt ist, unabhängig davon, wieviel man verdient oder welches Vermögen man hat (vgl. Abb. 3 Indikator CB012).
- thematisiert die Minderheiten und betont die Entstehung von Gemeinschaften und die deutliche Vermittlung der Kommunikationsansätze (vgl. Abb. 3, Indikatoren CB0013, CB0014).
- fördert die Kompromissbereitschaft und den Respekt der Hauptakteure einer Gesellschaft (vgl. Abb. 3, Kategorie 1.3).

In Bezug auf die Phase der **Pseudogemeinschaft** zeigt der Inhalt, dass die Menschen noch nicht verbunden sind, die Gruppe Konflikte zu vermeiden versucht und der/die Einzelne noch nicht ehrlich mit den eigenen Gefühlen (vgl. Indikator CB015, Abb.3) umgeht. Bei der Phase des **Chaos** sieht man im Film, dass das Bedürfnis vorhanden ist, „das Chaos in Ordnung zu bringen" (vgl. Abb.3, Indikator CB016). In Bezug auf die Phase des **Leer-Werdens** fordert der Inhalt, dass Kommunikationsbarrieren durch das Aufgeben der eigenen Barrieren überwunden werden müssen (vgl. Abb.3, Indikator CB017). Außerdem wurden die Ablegung der Vorurteile gegenüber anderen Menschen und die Öffnung für unbekannte und neue Lösungen, sowie der Lebensgenuss, die Ausübung der Kontrolle und die Erhöhung des Erwartungsniveaus thematisiert (vgl. Abb.3, Indikator CB018). **Als zweite Dimension wird die Selbstorganisation behandelt:** Sie entspricht dem Konzept, das in Kapitel 3 bearbeitet wurde. Mithilfe dieser Analyse beobachtet man, ob der Inhalt des Films einen Spiegel der Gesellschaft, die sich selbst beobachten kann, bildet. Die Selbstbeobachtung ist eine Beobachtungskategorie, weil sie andauernde Reaktionsweisen beschreiben kann. In diesem Zusammenhang sind die zeitlichen Aspekte wichtig, weil man so identifizieren kann, worauf die Gemeinschaften sich konzentrieren (vgl. Abb. 4, Kategorien 2.1).

Unter dem Aspekt dieser Dimension zeigt der Inhalt des Filmes, dass die Beteiligten im Zuge kommunikativer Vorgänge durch sprachlichen Pluralismus verschiedene Ausdrucksformen zum Thema machen. Des Weiteren sind Gewohnheit, Glaube, Riten und Werte sind durch Kommunikationsprozesse beobachtbar. Das stimuliert die Rekonstruktion, denn die Gemeinschaft kann sich im Film identifizieren und selbst beobachten.(vgl. Abb.4, Kategorie 2.2)

Der Inhalt reflektiert auch die Wirklichkeit und ist Ergebnis der freien Wahl der Gesellschaft. Er zeigt einen Raum der Begegnung, an dem die Menschen freiwillig teilnehmen können (vgl. Abb.4, Indikator SO018). Öffentlichkeit als selbstorganisatorisches Formprinzip und die Verantwortung für die eigene Entwicklung werden auch in dieser Dimension behandelt (vgl. Abb.4, Kategorie 2.3).

Die dritte Dimension ist der Wiederaufbau: Sie behandelt den Inhalt des Films im Hinblick auf die Rekonstruktion zerstörter Gesellschaften. Es wird untersucht, aus welcher Perspektive über Rekonstruktion und aus welcher kulturellen Perspektive gesprochen wird (vgl. Abb.5, Kategorie 3.1).

Im Blickwinkel der Dynamik des *Community Building* und der Selbstorganisation wurde der Medienbegriff flexibel verwendet. Untersucht man den Inhalt des Films, kann man beobachten, ob die Inhalte gemäß den Konzepten, die bei dieser Untersuchung bearbeitet werden, aufzeigen, ob das Revival Festival als ein Ort für Selbstorganisation, Diskussion und Selbstreflexion betrachtet werden kann und ob die Inhalte des Mediums Festival Begegnungen und gesellschaftliche Inhalte hervorbringen. Die Medien funktionieren in gemeinschaftlichen Beziehungsprozessen als Vermittler von Botschaften, ob der Inhalt eines oder mehrere Medien zeigt, was diese bewirken und was sie vermitteln sind auch prüfbare Elemente **der vierten Dimension, die Medien genannt wird** (vgl. Abb. 5, Kategorie 4.1).

Was der Inhalt des Films in Bezug auf Medien als Werkzeug zur Unterhaltung der Entstehung einer Gemeinschaft hervorbrachte, wurde im Rahmen der narrativen Darstellung geprüft (vgl. Abb.5, Kategorie 4.2).

Als fünfte Dimension wird die Medienpädagogik aufgegriffen. Die Medienpädagogik befasst sich mit der Orientierung innerhalb gesellschaftlicher Einstellungen und Werte und behandelt den Einfluss der Medien Lern- und Erziehungsprozesse. Ob die Stimulierung der Übung der Programmkritik sowie die Forderung und Thematisierung der Entwicklung von *„Know What"* und *„Know How"* vorhanden sind, wurde im Bereich der Medienkompetenz geprüft, das jenem Konzept entspricht, welches in Kapitel 5 bearbeitet wurde.

Der Film wurde als Medienprodukt inhaltlich analysiert. Bei dieser Dimension wurde die Förderung der Entwicklung von Medienkompetenz (Medienkritik, Medienkunde, Mediennutzung und Mediengestaltung) und das Vorhandensein von Empfehlungen in Bezug auf den Umgang mit Medien beobachtet (vgl. Abb. 6, Kategorien 5.1 und 5.2).

8.4 Kategoriensysteme und Indikatoren

Für die Untersuchung wurden theoriegeleitete Kategorien gebildet und darin Indikatoren definiert, wie dies Früh in seiner Methode beschreibt.

> „Bei der ausführlichen Kategoriendefinition bildet die Definition der theoretischen Konstrukte dann lediglich die Bedeutungsgrundlage; sie bestimmt die inhaltliche Zielrichtung der jeweiligen Kategorie."*(Früh, 2001, S.79)*

Bei jeder Kategorie ergänzen sich der theoretische und der operationale Definitionsanteil, weil die Indikatoren oft nicht bekannt und auch nicht völlig eindeutig sind. In der Theorie wird die Interpretation mehrdeutiger Indikatoren durch eine Definition weitgehend festgelegt und gleichzeitig wird ein semantischer Rahmen für weitere, implizit genannte Indikatoren bestimmt. Der operationale Anteil kann so nach der Theorie in Form einer verkürzten Listendefinition bearbeitet werden.(Vgl. Früh, 2001, o.S.) Die Dimension und ihre Kategorien sind in Abbildung 2 aufgeführt:

Abbildung 2:   Dimensionen und ihre Kategorien

Nr.	Dimension	Nr.	Kategorie
1	*Community Building*	1.1	Vorhandene „Diversity Aspekte"
		1.2	Gesellschaftliche Aspekte
		1.3	Akteure der Gesellschaft
2	Selbstorganisation	2.1	Zeitliche Aspekte
		2.2	Vorhandene kulturelle Aspekte
		2.3	Ziele/Intentionen
3	Wiederaufbau	3.1	Perspektive
4	Medien	4.1	Inhalt
		4.2	Narrative Darstellung
5	Medienpädagogik	5.1	Appell
		5.2	Gestaltung

Nach Abbildung 2 entspricht die erste Dimension den folgenden Kategorien: Vorhandene „Diversity Aspekte", gesellschaftliche Aspekte und Akteure der Gesellschaft. Die Kategorien sind im Grunde über ihre Indikatoren definiert.

Die Kategorie **Vorhandene Diversity Aspekte** umfasst die Inklusivität der ganzen Gesellschaft in Kommunikationsprozessen, die Entwicklung der Verantwortlichkeit untereinander und die Suche nach Konsens. Als Indikatoren gelten: Religion, Gender, Ausbildung, Einkommen, Menschen mit Behinderung und Ethnie.

Die Kategorie **Gesellschaftliche Aspekte** beinhaltet folgende Indikatoren: Berücksichtigung der Zivilgesellschaft, Darstellung des Friedensprojekts, integrierende und desintegrierende Positionen (Schwerpunkte auf die bzw. positive und negative Aspekte der Gesellschaft), Schichtspezifische Ausrichtung, Thematisierung der Minderheiten, Gemeinschaftbetontheit, Konflikverhinderung (wenn vorhanden, bezeichnet die Phase eine Pseudogemeinschaft), Suche nach Organisation (wenn vorhanden, bezeichnet die Phase ein Chaos), Darstellung der Kommunikationsbarrieren (wenn vorhanden, bezeichnet die Phase das „Leer-Werden") und Suche nach Problemlösung (es besteht noch keine Gemeinschaft).

Als **Akteure der Gesellschaft** gelten aktive Gruppen, die die Gesellschaft verändern und prägen. Indikatoren sind: „Gendergerechte Aufteilung", „Frauenförderung", „Personen verschiedener Ethnizitäten", „Personen mit verschiedenen Standpunkten", „Vertreter verschiedener Religionen", „Jugendliche", „Künstler", „Schauspieler", „Firmen", „Politiker und Amtsvertreter".

Abbildung 3: Community Building: Kategorien und Indikatoren

Dimension	Kategorie	Code	Indikator
(1) CB – Comunity Building	**(1.1) Vorhandene Diversity Aspekte**		
		CB001	Religion
		CB002	Gender
		CB003	Ausbildung
		CB004	Einkommen
		CB005	Menschen mit Behinderung
		CB006	Altersgruppe
		CB007	Ethnie

Fortsetzung Abb. 3:

Dimension	Kategorie	Code	Indikator
	(1.2) Gesellschaftliche Aspekte		
		CB008	Berücksichtigung der Zivilgesellschaft
		CB009	Darstellung des Friedensprojekts
		CB010	Integrierende Position (Schwerpunkt auf positive Aspekte der Gesellschaft)
		CB011	Desintegriende Position (Schwerpunkt auf negative Aspekte der Gesellschaft)
		CB012	Schichtspezifische Ausrichtung
		CB013	Thematisierung der Minderheit
		CB014	Gemeinschaftsbetontheit
		CB015	Konfliktverhinderung (wenn vorhanden, bezeichnet die Phase eine Pseudogemeinschaft)
		CB016	Suche nach Organisation (wenn vorhanden, bezeichnet die Phase ein Chaos)
		CB017	Stellt irgendeine Kommunikationsbarriere dar (wenn vorhanden, bezeichnet die Phase das „Leer-Werden")
		CB018	Suche nach Problemlösung (es ist noch keine Gemeinschaft)
	(1.3) Akteure der Gesellschaft	**CB019**	Gendergerechte Aufteilung
		CB020	Frauenförderung
		CB021	Personen verschiedener Ethnizitäten
		CB022	Personen mit verschiedenen Standpunkten
		CB023	Vertreter verschiedener Religionen
		CB024	Jugendliche
		CB025	Künstler
		CB026	Schauspieler
		CB027	Firmen
		CB028	Politiker/Amstvertreter

Die zweite Dimension umfasst drei Kategorien: Zeitliche Aspekte, vorhandene kulturelle Aspekte und Ziele/Intentionen. Hier definieren ebenfalls die Indikatoren die jeweiligen Kategorien.

Abbildung 4:   Selbstorganisation – Kategorien und Indikatoren

Dimension	Kategorie	Code	Indikator
(2) SO – Selbst-organisation	**(2.1) Zeitliche Aspekte**	**SO001**	Zeit vor dem Krieg (vor 1992)
		SO002	Chronologische Gesamtdarstellung
		SO003	Konfliktzentriertheit (1992-1995)
		SO004	Postkonfliktzentriertheit (1995-2005)
		SO005	Zukunftsorientiertheit
		SO006	Gegenwartsorientiertheit (ab 2005)
	(2.2) Vorhandene Kulturelle Aspekte	**SO007**	Gewohnheit
		SO008	Glaube
		SO009	Riten
		SO010	Werte
		SO011	Sprachlicher Pluralismus (die eigene Realität zum Thema machen)
	(2.3) Zie-le/Intentionen	**SO012**	Klar erkennbare Ziele (Verantwortung für die eigene Entwicklung, man spricht darüber, was man machen will)
		SO013	Vermittlung und Förderung eigener Werte (man zeigt die Werte, die man hat und weiterentwickeln möchte – Selbsterschaffung)
		SO014	Förderung der Integration sozialer Gruppen
		SO015	Förderung regionaler Identität (selbst-organisatorisches Formprinzip)
		SO016	Erhaltung regionaler Vielfalt (selbst-organisatorisches Formprinzip)
		SO017	Bekanntmachen regionalen Denkens (selbstorganisatorisches Formprinzip)
		SO018	Thematisierung der Freiwilligkeit

Die Kategorie **Zeitliche Aspekte** beinhaltet die folgenden Zeiträume als Indikatoren: Zeit vor dem Krieg (vor 1992), chronologische Gesamtdarstellung, Konfliktzentriertheit (1992-1995), Postkonfliktzentriertheit (1995-2005), Zukunftorientiertheit, Gegenwartsorientiertheit (ab 2005).

Die Kategorie **vorhandene kulturelle Aspekte** setzt sich aus den Aspekten: Gewohnheit, Glaube, Riten, Werte, Sprachlicher Pluralismus (die eigene Realität zum Thema machen) zusammen.

Die **Ziele/Intentionen** der Gesellschaft werden mittels der Indikatoren klar erkennbare Ziele (Verantwortung für die eigene Entwicklung, man spricht darüber, was man machen will), Vermittlung und Förderung eigener Werte (man zeigt die Werte, die man hat und weiterentwickeln möchte – Selbsterschaffung), Förderung der Integration sozialer Gruppen, Förderung regionaler Identität (selbstorganisatorisches Formprinzip), Erhaltung regionaler Vielfalt (selbstorganisatorisches Formprinzip), Bekanntmachen regionalen Denkens (selbstorganisatorisches Formprinzip) und Thematisierung der Freiwilligkeit betrachtet.

Für die dritte Dimension wurde eine einzige, aber wichtige Kategorie gebildet: Perspektive.

Die Kategorie **Perspektive** ist in die Indikatoren Multiperspektive, Monoperspektive, Multikulturalität und Monokulturalität aufgeteilt.

Abbildung 5:   Wiederaufbau – Kategorie und Indikatoren

Dimensionen	Kategorien	Code	Indikatoren
(3) WB – Wiederaufbau	**(3.1) Perspektive**	**WB001**	Multiperspektive
		WB002	Monoperspektive
		WB003	Multikulturalität
		WB004	Monokulturalität

Die vierte Dimension besteht aus zwei Kategorien: Inhalt und narrative Darstellung.

Inhalte: Was der analysierte Inhalt zur Selbstorganisation und zum Wiederaufbau beiträgt, ist ebenfalls Mittelpunkt der vorliegenden Arbeit. Inhaltlich korrektes Vorgehen und Informationsvermittlung sind die Indikatoren

Bei der Kategorie **Narrative Darstellung** geht es darum, wie die Inhalte dargestellt werden: Bemühen um objektive Darstellung, Agressivität, Realitätsnähe, Abstraktheit, Komplexität, Kreativität (multimediale Aufführungen) und Thematisierung der Begegnungsstätten, wie dies im Kapitel 4 betrachtet wurde.

Abbildung 6:   Medien – Kategorie und Indikatoren

Dimensionen	Kategorien	Code	Indikatoren
(4) ME – Medien	**(4.1) Inhalt**	**ME001**	Inhaltlich korrektes[64] Vorgehen
		ME002	Informationsvermittlung
	(4.2) Narrative Darstellung	**ME003**	Bemühen um objektive Darstellung
		ME004	Agressivität
		ME005	Realitätsnähe
		ME006	Abstraktheit
		ME007	Komplexität
		ME008	Kreativität (multimediale Aufführungen)
		ME009	Thematisierung der Begegnungssttäten (vgl. Kapitel 4)

Die fünfte Dimension besteht aus zwei Kategorien: Appel und Gestaltung.

Appell: Ein Appell ist eine Aufforderung an die Öffentlichkeit. In dieser Kategorie werden die folgenden Indikatoren aufgelistet: Thematisierung der Selbstorgsanisation (Selbstmachen), Thematisierung des Wiederaufbaus, Förderung interkultureller Relationen, Betonung der europäischen Mobilität, Vermittlung von Möglichkeiten für eigene Beiträge, Förderung der Entwicklung der kommunikativen Kompetenz, Anregung zu kritischem Denken, Betonung der Medienbildung, Anregung zur Veränderung, Förderung der Bindung an Europa, Förderung des Gemeinschaftsdenkens und Förderung des Gemeinschaftsaufbaus.

Gestaltung: Diese Kategorie wurde im Hinblick auf folgende Indikatoren erstellt: „Anwenderfreundlichkeit und benutzerfreundliche Gestaltung", „Nutzbarkeit ohne Vorkenntnisse", „Möglichkeit zur Interaktion mit / Partizipation der RezipientInnen", „Möglichkeit der Sprachenvielfalt", „Möglichkeit der Nutzung für Rezipienten aus anderen Kulturekreisen", „Einfallsreiche, innovative/mutige Gestaltung", „Sachliche Gestaltung", „Nutzung der Gestaltungsmöglichkeiten des Mediums", „Reichweite", „Ausgrenzung bestimmter Gruppen vom Inhalt", „Zukunftsweisende Nutzungsmöglichkeit" und „Vermittlung von Kommunikationsstrukturen".

---

64   Gemäß jener Konzepte, die bei dieser Untersuchung bearbeitet wurden.

Abbildung 7:   Medienpädagogik – Kategorie und Indikatoren

Dimension	Kategorie	Code	Indikator
(5) MP – Medien-pädagogik	**(5.1) Appell**	**MP001**	Thematisierung der Selbstorganisation (Selbstmachen)
		MP002	Thematisierung des Wiederaufbaus
		MP003	Förderung interkultureller Relationen
		MP004	Betonung europäischer Mobilität
		MP005	Vermittlung von Möglichkeiten für eigene Beiträge
		MP006	Förderung der Entwicklung der kommunikativen Kompetenz
		MP007	Anregung zu kritischem Denken
		MP008	Betonung der Medienbildung
		MP009	Anregung zur Veränderung
		MP010	Förderung der Bindung an Europa
		MP011	Förderung des Gemeinschaftsdenkens
		MP012	Förderung des Gemeinschaftsaufbaus
(5) MP – Medien-pädagogik	**(5.2) Gestal-tung**	**MP013**	Anwenderfreundlichkeit, benutzerfreund-liche Gestaltung
		MP014	Nutzbarkeit ohne Vorkenntnisse
		MP015	Möglichkeit zur Interaktion mit / Partizi-pation der Rezipienten
		MP016	Möglichkeit der Sprachenvielfalt
		MP017	Möglichkeit der Nutzung für Rezipienten aus anderen Kulturkreisen

Fortsetzung der Abb. 7

Dimension	Kategorie	Code	Indikator
		MP018	Einfallsreiche, innovative/mutige Gestaltung
		MP019	Sachliche Gestaltung
		MP020	Nutzung der Gestaltungsmöglichkeiten des Mediums
		MP021	Reichweite
		MP022	Ausgrenzung bestimmter Gruppen vom Inhalt
		MP023	Zukunftsweisende Nutzungsmöglichkeit
		MP024	Vermittlung von Kommunikationstrukturen

Für einen logischen Aufbau der Untersuchung wurden keine Validitätskriterien gewählt, sondern die Häufigkeit des Wortes als Indikatoren verwendet. Sie wurden per Beitrag aufgelistet und in Gruppen aufgeteilt, um die Analyse zu verbessern. „Wortfrequenz kann als gültiger Indikator für Bedeutungszunahme des Themas akzeptiert werden" (Früh, 2001, S.197).

Diese Elemente stellten die Grundlage zur Durchführung der Filmanalyse dar. Von insgesamt 38 Beiträgen wurden zwölf besonders bewertet. Um die Antwort besser quantifizieren zu können, wurde das Windows-Programm Excel verwendet und jeder Indikator mit „Vorkommen" gezählt. Das Ziel war, die Häufigkeit der Indikatoren besser darzustellen. Die Häufigkeit allein waren ausreichend, weshalb es nicht nötig war, die Daten mit komplexeren statistischen Verfahren weiterzuverarbeiten. Dichotome Variablen wurden bearbeitet, damit Analysekonflikte vermieden werden konnten.

9 Ergebnisse und Inhaltsanalyse

9.1 Erzähler und Revival Festival Teilnehmer

Im Allgemeinen hat das Festival das Bewusstsein, insbesondere von Jugendlichen, aktiviert und dem Publikum aufgezeigt, wieder Möglichkeiten und Räume für Reflexion und Aktion aufzubauen. Der Schwerpunkt des Festivals war, Dom Mladih den Jugendlichen zurückzugeben – etwas, was sie verloren haben. Das Revival Festival präsentiert neun Personen, die auf ihre eigene Art bedeutende, inhaltliche Rollen in diesem Dokumentarfilm spielen.

Ferida Durakovic, bosnische Schriftstellerin, ruft Erinnerungen an den Krieg und die Zerstörung des Jugendhauses Dom Mladih wach – sie war im Haus, als es explodierte. Sie vertraut auf die Kraft der Stimme der Jugendlichen. Sie spricht 6'45", d.h. ihr Beitrag macht 22,24% des gesamten Inhaltes aus. Sie beginnt mit den Worten *"We don't need to talk about the war. We don't need to be known in the world only by the war"*, spricht dann aber doch vor allem über den Krieg. Sie überlässt dem Festival und den Jugendlichen die Rolle, eine neue Haltung aufzubauen.

Im Gespräch mit Danica Curcic[65] erzählte diese, warum Ferida Durakovic eingeladen wurde:

"She was in the youth house when it was bombed. She is a kind of an eyewitness. She talks about the history of Dom Mladih. She's also very strong in her believes in the youth. She really wants to change something, with her strong believe. In contrast of some people from her generation. She has written about it." *(Curcic)*

Kresimir ist 14 und Zvonimir 15 Jahre alt, sie sind Brüder und helfen beim Wiederaufbau des Jugendhauses. Besonders der Jüngere ist stolz, dass seine Eltern Bosnien während des Krieges nicht verlassen haben. Die Brüder haben den Krieg „unbewusst" erlebt, weil sie damals erst 1 bzw. 2 Jahre alt waren. Das ist wichtig zu erwähnen, weil beide oft Aussagen ihrer Eltern wiedergeben. Unter den Jugendlichen im Film ist Kresimir, der Hauptdarsteller, in 8 Beiträgen präsent und hat mehr als fünf Minuten gesprochen. *"We are together and we can make something"*, sagt er.

---

65 Curcic Danica. Experteninterview (Berlin, 10. 03.2008)

Andrej ist 16 Jahre alt. Er repräsentiert die negative Seite der Gesellschaft in Sarajevo und ist für sein Alter überdurchschnittlich pessimistisch. *„Nothing good ever happens, only bad things"*, sagt er, was natürlich teilweise der Wahrheit entspricht. Er war 3 Jahre alt, als der Krieg begann, spricht aber doch über das Jugendhaus, wo er oft bei Konzerten gewesen sei, was so nicht stimmen kann. Lamija, selbst 16 Jahre alt, legt eine aktivistische Haltung zutage. Mit positiven Eindrücken spricht sie über das Festival als große Chance, die Gesellschaft zu bewegen. Im April 2008 habe ich erfahren, dass sie als Moderatorin ein Programm für Jugendliche in Bosnien durchführt, d.h. sie setzt die Pläne, die sie im Film erwähnt hat, in die Tat um.

Die Familie Hulic ist durch die Mutter Sniezana und den Vater Esad vertreten und repräsentiert viele andere bosnische Familien. *„I believe that there is nothing in this world that cannot be completed, meaning to be done, to be made, or to be revived"*, glaubt Esad und gibt diese Meinung an seine Familie weiter. Sie sprechen über die guten Erinnerungen, die ihre Generation an das Dom Mladih hat und vergleichen implizit den Wiederaufbau des Jugendhauses mit dem Wiederaufbau ihres eigenen Hauses.

Nicht der Teilnehmer, sondern der Organisator spricht mit der Ploizei, die die Musik verbieten will. Es ist ein Gespräch, das deutlich zeigt, wie stark die Konfliktvermeidung in diesem Prozess ist, wie es bei Pseudogemeinschaften üblich ist (vgl. Kapitel *2*). Der Polizist führt Befehle aus und weiß kaum, wie alles läuft. Der Organisator lässt sich nicht überzeugen, aber befolgt trotzdem die Anweisungen.

Beim Festival fordert der Moderator das Publikum auf: *„Probudise!"* (*„Wacht auf!"*) – in dem Sinn, dass das Jugendhaus den Jugendlichen gehören muss. Er schließt deutlich die alten (konservativen) Menschen aus. *„It´s time for this hall to be returned to us, no to them but to us, the youth."*

9.2 Häufigkeit der Wörter

Ein Festival, das anlässlich eines Revivals stattfindet, ist inhaltlich eindeutig konfliktzentriert. Für die Analyse wurden Wörter nach der Häufigkeit ihres Auftretens im Film untersucht. Das Jugendhaus Dom Mladih wurde alle 0,7 Minuten erwähnt, insgesamt 39 Mal. Der Konflikt ist immer noch im Bewusstsein der Gesellschaft präsent, obwohl er schon lange vorbei ist. 19 Mal wurde „Krieg" thematisiert, also durchschnittlich alle 1,5 Minuten. Mit all den unterschiedlichen Menschen, die ich in Bosnien gesprochen habe, war der Krieg in den ersten 5 Minuten des Gesprächs das häufigste Thema nach der Frage, woher ich komme. „Jugendliche" wurde alle 1,1 Minuten, insgesamt 26 Mal, genannt. Das „Revival Festival" wurde 8 Mal erwähnt, alle 3,6 Minuten (vgl. Abb. 7).

Die Häufigkeit der Wörter macht klar, wie groß das Bedürfnis ist, dass das Jugendhaus (39) an die Jugendlichen (26) zurückgegeben werden soll, weil es durch den Krieg (19) zerstört wurde. Das „Revival Festival" (8) ermöglicht seinen Wiederaufbau. In der Analyse der einzelnen Beiträge kann man eine genauere Analyse der Elemente finden.

Abbildung 8: Häufigkeit der Wörter

Wörter	Revival Festival	War	Youth	Dom Mladih
	8	19	26	**39**
pro Minute	3,6	1,5	1,1	**0,7**

9.3 Analyse der Beiträge

Ich habe die Analyse mit den Indikatoren, die im gesamten Dokumentarfilm am häufigsten vorkommen, durchgeführt. Jene Indikatoren, die selten vorkommen, wurden in der Analyse nicht berücksichtigt.

In Bezug auf den Kommunikationsinhalt, der im Dokumentarfilm dargestellt wird, wird davon ausgegangen, dass die Indikatoren der Dimension des *Community Building* die stärksten sind. Dies bedeutet nicht automatisch, dass die Gesellschaft bereits in Gemeinschaften organisiert sind oder dass aus dem Revival Festival Gemeinschaften hervorgegangen sind. Der Inhalt zeichnet vielmehr die immanente Suche nach der Entstehung von Gemeinschaften ab.

Nach der Grafik „Häufigste Indikatoren" (s. u.) zeigt der Indikator CB024 „Jugendliche" (36,8%) an, dass die Jugendlichen, die eine gemeinsame Realität teilen, von ihrer eigenen Generation sprechen. Das Revival Festival bringt sie einander näher, da sie die Probleme der Gesellschaft aus der gleichen Perspektive erzählen. Im Vergleich dazu bezeichnet die Häufigkeit des Indikators CB025 „Künstler" (23,7%) die Anwesenheit der Autorin.

Die Entstehung einer Gemeinschaft[66] wird stimuliert (ob bewusst oder nicht, bleibt hier unberücksichtigt), wenn man kulturelle Aktivitäten (Graffiti, Theater, Literatur usw.) als Ausgangspunkt gesellschaftlicher Entwicklungen versteht. Solche Aktivitäten bringen Jugendliche auch insofern zusammen, als dass sie eine Diskussion über die Zukunft provozieren.

---

66   Gemäß Scott Peck's Konzept

Grafik 2:   Häufigste Indikatoren

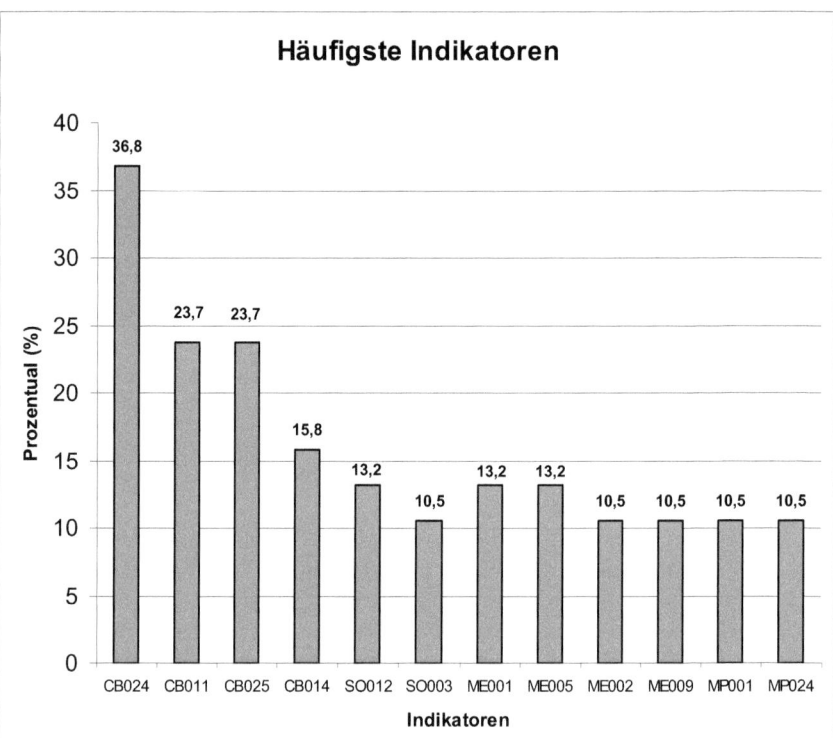

Obwohl der Inhalt des Films durch die Förderung der eigenen Werte[67] zeigt, dass man an das Potenzial der Gesellschaft glaubt, bringt der Indikator CB011 „Desintegrierende Position" (23,7%) gleichzeitig ein fehlendes Selbstvertrauen zum Ausdruck: *„Nothing good ever happens, only bad things, there's no good things"* (vgl. Beitrag 10). Es ist zu bemerken, dass Jugendliche eine pessimistische Sicht über die Gesellschaft hervorheben. Der Indikator CB014 „Gemeinschaftsbetontheit" tritt in 15,8 % aller Fälle auf.

Die Indikatoren für die Dimension „Selbstorganisation", nämlich SO012 „Klar erkennbare Ziele" (13,2%) und SO003 „Konfliktzentriertheit" (10,5%), machen deutlich, dass die Aussagen über Konflikterinnerungen das übergeordnete Ziel stärken und somit einen bestimmten Zweck erfüllen. Man äußert schlechte Erinnerungen, um sich klar zu werden, dass es so nicht mehr sein soll und

---

67   7,9% Häufigkeit (vgl. Tabelle Erhobene Daten im Anhang 7)

auch, um andere Menschen für neue Ziele zu gewinnen. Der Inhalt der Erzählungen macht die gesellschaftlichen Probleme beobachtbar, was nach dem Konzept der Selbstorganisation als sinnvoll zu bezeichnen und Voraussetzung für die Entstehung einer Gemeinschaft ist.

Die Dimension „Medien", mit den Indikatoren ME001 „Inhaltlich korrektes Vorgehen" (13,2%), ME002 „Informationsvermittlung" (10,53%) und ME005 „Realitätsnähe" (13,16%) stellt die Realität dar und vermittelt Probleme und Schwierigkeiten. Der Inhalt zeigt detailliert die Seite der Probleme der Gesellschaft. Das Revival Festival wurde dokumentiert, damit seine Botschaft besser analysiert werden kann. Das Festival war stark auf diese Botschaft konzentriert. Das Medium (Festival) wurde deutlich als ein Ort der Selbstreflexion bezeichnet und die ehemalige Begegnugsstätte wurde oft in dem Sinn thematisiert, dass sie diese Funktion wieder erfüllen könnte.

Bei der Dimension „Medienpädagogik" wurde die kommunikative Kompetenz kaum betrachtet. Die Schriftstellerin meint: *„I believe in young people who are capable enough to speak in the name of all young people"* (vgl. Analyse der Beitrag 29). Der Film macht deutlich, dass die Gesellschaft eigentlich noch nicht medienkompetent ist, zumal sich diese ja überhaupt noch nicht gebildet hat.

Im Gespräch mit Tarik Jusic[68] sprach dieser über die Aufgabe des Mediacentar Sarajevo und die Entwicklung der Medienkompetenz von Journalisten, Broadcasters, Herausgeber und Publikum, an welcher gearbeitet wird. Damit Medien pädagogisch funktionieren, müssen die Mediengestalter erst wollen, dass die Gesellschaft die Medien auch kritisch analysiert, in Interaktion mit den Medien ist und sie bewusst dazu nutzt, auch selbst Medienprodukte gestalten zu können.

Selbstorganisation (10,53%) und Kommunikationsstruktur (10,53%) waren gleich häufig vertreten, was in den folgenden Analysen zum Ausdruck kommt.

Jeder Beitrag, der mehrere Indikatoren betraf, wurde tiefer analysiert. Es wurden insgesamt zwölf von 38 Beiträgen (ca. 31%) ausgewählt (Beiträge Nummer: 1, 3, 6, 10, 11, 21, 22, 25, 26, 28, 29 und 36). Der Rest wurde hinsichtlich der Indikatoren geprüft und ist, wie auch die Tabelle, als Anhang (vgl. Kapitel 6) dieser Arbeit beigefügt.

9.4 Analyse der einzelnen Beiträge

9.4.1 Beitrag 1

Der erste Beitrag dauert 1'11". Die Botschaft ist klar *[SO012: Klar erkennbare Ziele: „the goal of reviving the youth culture of Sarajevo"]*: Das Jugendhaus

---

68   Jusic, Tarik (2008). Experteninterview (Sarajevo, am 10., 15. und 17.04.2008)

wurde zerstört und sollte durch das Revival Festival rekonstruiert werden. Dom Mladih wurde als wichtiges, kulturelles Zentrum, das Sarajevos Jugend wegen des Krieges verloren hat, präsentiert. Die Jugendlichen haben nicht nur den Ort, sondern auch ihren Einfluss auf das Haus verloren. Es wird deutlich, dass das Dom Mladih als Kommuniaktionsstruktur funktioniert hat *[ME009: Thematisierung der Begegnugssttäten „the youth lost ist influence on the house"]*, wie im Kapitel 4 bereits theorisiert wurde.

Die Geschichte des Festivals wurde chronologisch dargestellt *[SO002: Chronologische Gesamtdarstellung: „was built in 1969" „during the war", „a festival named „Revival" May 2005"]* und aus der Monoperspektive des Wiederaufbaus betrachtet, weil das Dom Mladih als der einzige Ort für Jugendliche in Sarajevo dargestellt wird *[WB002: Monoperspektive: „Today, no other place in Sarajevo offers the same possibilities as Dom Mladih"]*, obwohl das so nicht stimmt.

Meines Erachtens stellt diese Perspektive eine gefährliche Position dar, da durch die hohe Erwartungshaltung, die entsteht, eine Enttäuschung sehr wahrscheinlich ist (vgl. Beitrag 36). Das Revival Festival hat nicht wieder stattgefunden und das Jugendhaus wurde nicht als Non-Profit-Lokalität wiedereröffnet, wie es die Jugendlichen erwartet haben. Dom Mladih existiert zwar wieder, aber nicht im selben Format wie früher. Die Konzerte sind für das Budget der meisten Jugendlichen zu teuer, die angebotenen Getränke sowieso. Das Haus fungiert nun auch als Ort für Firmenveranstaltungen und kostet ca. € 3.000 pro Tag.[69] Die kommerzielle Ausrichtung ist deutlich.

Das Wort „Krieg" wurde drei Mal in diesem Beitrag erwähnt, neben assoziativ naheliegenden Ausdrücken wie „bombed", „ruin for years", „lost influence". Der Inhalt ist deutlich konfliktzentriert (1992-1995), ein genauer Spiegel der bosnischen Gesellschaft, die die Haltung *„Because of the war nothing is good"* beibehält.

Über die Fokussierung auf den Krieg hat Curcic gesagt:

"We would not like to focus on the war, but it is present anyway, with young people, old people... It's something that you can't avoid. Even if you don't talk it's present in the walls. But at the same time it's important to talk about the war. You are reminded of it everywhere. It's important to bring it. When we record it, we see it. It's not a piece of country, its in everywhere. Inside the youth there's still problem." *(Curcic)*[70]

Die Phase des „Leer-Werdens" nach Peck (vgl. Kapitel 2.4.) schlägt eine Lösung für die Verarbeitung von Erfahrungen dieser Art vor. Die Fokussierung auf den

---

69 Diese Information wurde bei einer *Dom Mladih* Mitarbeiterin im April 2008 erhoben. Der Leiter selbst wurde während des Aufenthalts nicht erreicht.
70 Curcic, Danica. Expertinneninterview (Berlin, 10.03.2008)

Krieg ist eine Barriere, mit der sich eine Pseudogemeinschaft nicht weiterentwickeln kann, weil sie immer noch nostalgisch an der Vergangenheit hängt und deswegen nicht wirklich offen für Veränderung ist.

In Bezug auf Rekonstruktion erscheinen die zusammenhängenden Worte „reviving", „encourage", „fight for" und „providing". Der Ausdruck „fight for" ist mehrere Male wiederholt worden und klingt manchmal aggressiv *[ME004: Agressivität: „every square meter to the youth", "fight for"]* und nach Rache, da sie auf alte und konservative Leute anspielt. Dieses Vorurteil ist eine übliche Barriere gegenüber anderen Menschen, so auch von Peck[71] erwähnt. Anderseits wird der Mut stimuliert, was positiv ist, wenn es darum geht, ein Ziel zu erreichen.

„Jugendliche" wurde 6 Mal erwähnt, sie gelten deutlich als Zielpublikum. Das Bedürfins nach der Entstehung einer Gemeinschaft ist vorhanden. Laut Peck ist es aber immer noch eine Gruppe, die sich zwar in der Entstehungsphase bewegt hat, aber nach dem Revival Festival nicht mehr existiert.

Die Ethnie ist als *„Diversity Aspekt"* vorhanden *[CB007: Ethnie: „the Scandinavian Organisation"]*, Bosnier und Ausländer haben zusammen an einer multikulturellen Perspektive *[WB003: Multikulturalität: „Bosnian and foreign youth"]* für das Festival gearbeitet. Es ist deutlich offen für Jugendliche, andere Zielgruppen werden nicht erwähnt. Überraschend ist, dass in einer religiös geteilten Gesellschaft der Aspekt „Religion" gar nicht berücksichtigt wird.

Die Gemeinschaftsarbeit [CB014: Gemeinschaftsbetontheit: „encourage each other"] wird von der Zivilgesellschaft stimuliert [CB008: Berücksichtigung der Zivilgesellschaft: „Bosnian (Youth)"], damit eine kulturelle Szene aufgebaut werden kann [CB010: Integrierende Position: „goal of reviving the youth culture"]. Man kann interpretieren, dass der Verlust des Einflusses der Jugendlichen auf das Dom Mladih – wie es im Film vermittelt wird – eine Kommunikationsbarriere darstellt und dass versucht wird, diese zu überwinden [CB017: Darstellung der Kommunikationsbarriere: „The youth lost its influence on the house"].

Das Ziel, den Jugendlichen etwas zurückzugeben, wird oft gezeigt. Der Wiederaufbau des Jugendhauses erscheint wie eine Lösung für die Probleme der Jugendlichen in Sarajevo. *[CB018: Suche nach Problemlösung: „Bring back to the youth and ensure the reconstruction of Dom Mladih"].* Aber es ist nicht die Problem*lösung*, die das Hauptanliegen ist, eine Gemeinschaft wirklich entstehen zu lassen. Der Indikator „Sprachlicher Pluralismus": *[„The house was one of the (...) cultural centers in the Balkan"]* stärkt die Möglichkeit zur Selbstorganisation. Als kulturelles Zentrum produziert das Dom Mladih beobachtbare Verhältnisse und Inhalte in einem Ort, der freiwillig von der Gesellschaft ausgewählt wurde – das führt zu Selbstorganisation (vgl. Kapitel 3).

---

71   Vgl. Kapitel 2

Zum Schluss wurde der Inhalt in Bezug auf die Dimension der Medienpädagogik so analysiert:

Das Festival regt zur Umsetzung neuer Ideen an [MP009: Anregung zur
Veränderung: "goal of reviving the youth culture of Sarajevo"] und durch eine
sachliche und mutige Gestaltung [MP018: Einfallsreiche, innovative/mutige
Gestaltung: „Today no other place in Sarajevo offers the same possibilities as
Dom Mladih", MP019: Sachliche Gestaltung] thematisiert es den Wiederaufbau
[MP002: Thematisierung des Wiederaufbaus: „ensure the reconstruction of Dom
Mladih"]. Als Unterstützung zur Aufrechterhaltung einer Gemeinschaft fördert
es den Gemeinschaftsgedanken [MP011: Förderung des Gemeinschaftsdenkens:
" encourage each other"] und die interkulturellen Beziehungen [MP003: Förde-
rung interkultureller Relationen: "Bosnian and foreign youth"].

Um die oben stehende Zusammenfassung verstehen zu können, muss eine
gewisse Medienkompetenz vorhanden sein. Die Menschen müssen medienpädagogisch gebildet sein[72], damit sie die Medien erfolgreich kritisieren, nutzen und
gestalten können. Die Tatsache, dass man lesen, schreiben und rechnen kann,
bedeutet noch nicht, dass man effizient mit Medien interagieren kann. Die Forderung besteht darin, dass man Medienkompetenzen entwickelt, mit diesen Medien
interagiert und sich damit weiterentwickelt und Ziele erreichen kann.

Genau das war jedoch beim Revival Festival nicht möglich. Die Leitung
kommt aus anderen Ländern, ist nach dem Festival weggegangen, ohne dass die
motivierten Jugendlichen gelernt haben, wie sie entweder ein zweites Revival
Festival oder andere Veranstaltungen initiieren können. Grundsätzlich wäre dies
aber möglich, weil kulturelle Projekte Bildungsmittel sein können[73] und die
Leute einen kreativen Prozess eingegangen sind.

9.4.2   Beitrag 3

Der Beitrag dauert 5 Sekunden. Jugendliche brauchen Begegnungsstätten *[ME009
– Thematisierung der Begegnungsstätten: "We have places to go, cafés, discos",
"Dom Mladih"]*, so die Kernbotschaft. 19% der häufigsten Worte sind „Cafés",
„Discotheken", „Youth Houses", also Orte, an denen Jugendliche sich mit anderen
treffen können.

Der Jugendliche thematisiert ein soziales Problem, als er über die Minderheit[74] spricht [CB013 –Thematisierung der Minderheit: "People around our age

---

72   Vgl. Kapitel 5
73   Es wurde von Dr. Süss beim Kapitel 5.5 erwähnt
74   Gemeint sind Leute, die als Bettler auf der Straße leben. In Sarajevo gibt es viele davon (Kin-
     der, alleine oder mit Erwachsenen zusammen).

who have no money, ask you for money", "The city is full of those places"]. Die Altersgruppe wird in diesem Zusammenhang zum ersten Mal angesprochen [CB006 – Altersgruppe: "Young people, just 9, 10, 11 years"]. Er vertritt eine desintegrierende Position in Bezug auf die gesellschaftlichen Aspekte, weil er nicht erwähnt, dass man etwas dagegen tun oder beitragen könnte. Das ist ein Spiegel seiner Generation. Die Haltung, dass „wir" und „ihr" so weit voneinander entfernt sind, dass nicht alle zusammenleben können oder etwas zu ändern nicht möglich ist, ist stark eingeprägt. [CB011 – Desintegrierende Position: „If you don't give them money or a mobile they will stab you", "They will beat you"]. „Bad", „Stab", „Ask for money" und „beat" waren häufige Worte bei diesem Beitrag.

Als er über die Gewohnheit spricht, klingt das nostalgisch, [SO007: Gewohnheit: "There were festivals every Friday, Saturday, they could make concerts, could show waht they could do, express themselves"]. Dieser kulturelle Aspekt bezieht sich auf die Vergangenheit [SO001: Zeit vor dem Krieg: „Before the war"]. Man muss erwähnen, dass der Jugendliche 16 Jahre alt ist, d.h. er war 2 Jahre alt, als der Krieg begann. Er hat ihn unbewusst erlebt. [CB024: Jugendliche – Andrej]. Er gibt eine Aussage seiner Eltern wieder, da er selbst gar keine Konzerte im Dom Mladih besucht haben kann.

Das Erzählen von der Gewohnheit macht deutlich, dass er sich einen Ort für seine Redefreiheit wünscht [SO015: Förderung regionaler Identität: "One day they could do something showing not only to Bosnia, but the whole region what they could do"], also einen Ort für seinen Ausdruck, so wie ihn alle Jugendlichen seines Alters anstreben, egal ob sie einen Krieg erlebt haben oder nicht.

9.4.3 Beitrag 6

Als Zeugin spricht Ferida Durakovic *[CB025: "Künstler anwesend"]* über ihre Erfahrung, als Dom Mladih explodierte. Der Beitrag dauert 2'23" und ist sehr konfliktzentriert *[SO003: Konfliktzentriertheit: „I experienced on May 2 th"]*, 44% der häufigsten Worte hängen mit dem Krieg zusammen.

Frau Durakovic stellt Dom Mladih als ein Symbol der Jugendlichen dar *[SO010: Werte: "it's a kind of a symbol of the Sarajevan youth"]*, als einen kulturellen Aspekt, der in einem anderen Beitrag erneut auftritt (Beitrag 3). Sie erwähnt Dom Mladih als Hauptort *[MP024: Vermittlung von Kommunikationstrukturen "One of the main places where the youth from Sarajevo came"]* und Begegnungsstätte *[ME009: Thematisierung der Begegnungstätten: "It was a beautiful once upon a time, we had concerts…"]* für Jugendliche.

Die Medienpädagogik bezieht sich auf den gesellschaftlichen Mediengebrauch und durch Vermittlung bringt sie Orientierung in die Kultur. Kultur ist das Resultat von gesellschaftlichen Einstellungen und Werten (die Inhalte, die im

Dom Mladih thematisiert wurden, repräsentieren Werte dieser Gesellschaft), die aus Kommunikation (beim Festival wurden Kommunikationsprozesse entwickelt) entstehen[75] (vgl. Kapitel 5).

Zum Schluss thematisiert sie die Selbstorganisation [MP001: Thematisierung der Selbstorganisation "… not only by the war… a great urge to talk with the rest of the world about the future"]. Über die Zukunft zu sprechen bietet in einer Gesellschaft die Möglichkeit einer Vorstellung ihrer künftigen Rolle auf der Welt und sie kann sich so auch selbst beobachten. Es ist deshalb notwendig, sich über diese Methode bewusst zu sein, weil sie die Komplexität der Gesellschaft vermindert (vgl. Kapitel 3).

Das Festival war zweifellos ein geeigneter Ort, um die Aspekte dieser Untersuchung zu diskutieren.

9.4.4 Beitrag 10

Eine polarisierte Einstellung wird von dem Jungen und dem Mädchen *[CB024: Jugendliche Anwesen]* in 19 Sekunden gezeigt. Es ist die Suche nach Problemlösung *[CB018: Suche nach Problemlösung: "We need more things like this Revival"]* und das Festival stellt ein „Heilmittel" für alle schlechten Dinge dar, die es in dieser Gesellschaft gibt *[CB011: Desintegrierende Position: „Nothing good ever happens", „Only bad things", „There's no good things"]*. „Nothing good" (in Bezug auf die Gesellschaft) steht im Gegensatz zu „Best thing" (in Bezug auf das Festival). Es handelt sich um einen Appell, die Situation zu verändern *[MP009: Anregung zur Veränderung: „definitely"]*.

Die Perspektive, die zu einer Enttäuschung führen könnte (vgl. Kapitel 2), weil die Erwartung sehr hoch ist, wurde in Beitrag 1 schon erwähnt und tritt hier erneut auf.

9.4.5 Beitrag 11

Der Beitrag ist gegenwartsorientiert *[SO006: Gegenwartsorientiertheit: „It's time for", „Now"]* und immer wieder deutlich zielorientiert *[SO012: Klar erkennbare Ziele: "Forever for us young people"]*. Er dauert 31 Sekunden und die Botschaft wird durch den Moderator vermittelt *[CB025: Künstler: Moderator anwesend beim Festival]*.

---

75   Dreier, Hardy (2002): Zum Wert der Medienpädagogik-Anmerkungen aus medienökonomischer Perspektive. S.108-114

Es werden Szenen vom Festival gezeigt, in denen der Moderator mit dem Publikum spricht. Teilweise aggressiv *[ME004: Agressivität: „Never. Do not forget", „Those old people"]* schließt er alte und konservative Menschen aus (wie in Beitrag 1 erwähnt wurde) *[MP022: Ausgrenzung bestimmter Gruppen vom Inhalt: "Old people"]*.

Die häufigsten Wörter beziehen sich auf die Kommunikationsstruktur. Dom Mladih und Bosnien sind die Orte, wo die Werte dieser Gesellschaft entwickelt wurden *[SO013: Vermittlung und Förderung eigener Werte: "The rock scene of Bosnia"]*.

9.4.6 Beitrag 21

Dieser Beitrag dauert 57 Sekunden und macht deutlich, dass die Beziehung zwischen Organisatoren *[CB027: Firmen: Repräsentant Ask Sarajevo]* und Amtshaus *[CB028: Politiker/Amtsvertreter:]* während der Vorbereitung des Festivals nicht leicht war. Ein Gespräch *[ME002: informationsvermittlung: "They have request us to turn down the music while..."]* mit einem Polizisten gibt ein gutes Beispiel für eine Pseudogemeinschaft (gemäß Peck), wo Konfliktverhinderung zwischen einem Mann und diesem Polizisten stattfindet *[CB015: Konfliktverhinderung: „You should show more understanding (...) well as you can see the music is already turned off"]*. Der Mann ist nicht ehrlich in Bezug auf seine Gefühle und gibt vor, mit dem Amtsvertreter einverstanden zu sein – *„As if a speaker has uttered some universal truth"*[76] –, um keine Unstimmigkeiten herzustellen und eine scheinbar konfliktlose Lage zu erleben. Wie schon erwähnt, ist eine Pseudogemeinschaft konfliktvermeidend – im Gegensatz zur Konfliktlösung (vgl. Kapitel 2.2.).

Die Produzentinnen haben darüber gesprochen, wie wichtig es war, diese Szene zu zeigen, zumal doch die Behörden dazu da sein sollten, das Festival zu unterstützen:

> „The police and the people there didn´t know about the Festival. They don´t even know what´s happening, they only want to receive money, to ask for money. The Festival got any support from anyone, from the government. The burocracy was also too big. „The security" was nothing, - unfortunately is just corruption that´s still leading in the country. We „meet" some times the police, and they asked for money, because they always looked for mistakes in order to receive money from us."[77]

---

76   Peck, 1988, S.89
77   Astrup, Kirsten. Expertinneninterview (Berlin, 10.03.2008)

9.4.7 Beitrag 22

„I am thinking about the youth house as a building, not as an object. I see just the people in it. I see people who can always help me, they are going to listen to me (…) they are always going to try their best." [CB024: Jugendliche]. So fängt der 52-Sekunden-Beitrag an. Ein Indikator der Medienpädagogik – Vermittlung durch Medien – anerkennt Dom Mladih als Kommunikationsstruktur.

Die Botschaft der gemeinsamen Arbeit ist klar [CB014: Gemeinschaftsbetontheit: "Fight against the problems together", "We're always like brothers"] und der Wiederaufbau ist wieder thematisiert [MP002: Thematisierung des Wiederaufbaus: „Change something with really strong attittudes"]. „Strong attittudes" ist der vorgeschlagene Ausgangpunkt.

50% der häufigsten Worte beziehen sich auf das Zielpublikum (*„people"*, *„we"*, *„brothers"*).

9.4.8 Beitrag 25

Der Beitrag dauert 1'11" und zeigt wieder einen polarisierten Inhalt auf: Auf der einen Seite „ihr" – die Leute – und auf der anderen Seite „wir" – die Jugendlichen *[CB024: Jugendliche]*. „Ihr" ist etwas Schlechtes *[CB011: Desintegrierende Position: "People just don't want anything to change"]*, „wir" ist etwas Gutes – weil „wir" etwas ändern möchten und das durch unsere eigenen Werte und Fähigkeiten auch können *[SO013: Vermittlung und Förderung eigener Werte: "I like art, I always like to draw anything, graffiti, faces. I just like arts"]*.

Was man weiter mit Kunst tun kann, ist eine Frage, die eine echte Gemeinschaft bewusst beantworten könnte. Die Fähigkeiten werden anerkannt und alle machen, wie und was sie wollen – mit gegenseitigem Respekt vor individuellen Unterschieden. Kunst wäre beispielsweise ein Ausgangspunkt für Selbstorganisation *[MP022: Ausgrenzung bestimmter Gruppen vom Inhalt: "I just don't want conservative people to think that's bad"]*. In Bezug auf die Dimension der Medien bezeichnen zwei Indikatoren die Hauptbotschaft: *[ME001: Inhaltlich korrektes Vorgehen: "I want to be better like a human, I want to be good in everything"]* und *[ME002: Informationsvermittlung: "People say that we are destroying Skenderija, but it's not true"]*.

In diesem Sinn funktioniert Kommunikation als Mechanismus zur Reduktion der Distanz zwischen „wir" und „ihr", was in diesem Prozess notwendig ist.

Im Film wird der Skenderija Komplex [ME009: Thematisierung der Begegnungsttäten: „There's no other place to skate. It's the best place in Sarajevo"] als der beste Ort für Begegnung beschrieben.

9.4.9 Beitrag 26

"Some artists are doing their jobs with oil paint, we are doing it with the sprays" [ME005: Realitätsnähe: "Some artists are doing their jobs with oil paint, we are doing it with the sprays"]. Der Inhalt des Films klingt wie die Suche nach einer Problemlösung. Im 45-Sekunden-Beitrag macht der Jugendliche Kresimir eine Aussage: Er ist sichtlich froh, dass er über die Situation spechen kann [CB018: Suche nach Problemlösung: "We are trying to find understanding from the people"].

Wie im voherigen Beitrag erwähnt, ist Kommunikation als Mechanismus zur Reduktion von Distanz zwischen „wir" und „ihr", notwendig. Danica Curcic meinte:

> „The people should see themselves – their own values. we would make them not forget what they have. To show the brothers, and Ferida was a kind of showing these values". We talked about hope. We wanted to show people that they were losing hope when the time passed. It could be late if they didn't recognize that"[78]

9.4.10 Beitrag 28

Der Beitrag des Dokumentarfilms dauert 3'10". Hauptdarsteller ist die Familie Hulic *[CB022: Personen mit verschiedenen Standpunkten: „Some Sarajevos families (...) share similar experiences,,].* Sniezana (Mutter) und Esad (Vater) repräsentieren viele andere, bosnische Familien, die ihr Leben nach einer Zeit der Depression wieder aufnehmen wollen.

37,5% der häufigsten Worte haben mit Konflikt zu tun. Stark konfliktzentriert, wie beim anderen Beitrag [SO003: "Konfliktzentriertheit: the war lasted longer than we expected", "We thought the war would never end", "During the war", "destroyed by the war"], erzählt die Familie aus einer Multiperspektive den Wiederaufbau [WB001: Multiperspektive: "I believe that there is nothing in this world that cannot be completed, meaning to be done, to be made, or to be revived. Not only in the context of restoring places apartments"], ihren Glauben an die Zukunft.

Der Schwerpunkt liegt auf der Gemeinschaftsarbeit, die nach der Krise stattfindet (vgl. Pecks Konzept von Gemeinschaftentstehung) *[CB014: Gemeinschaftbetontheit: "With the community of action, the community of friendships, a lot can accomplished"]* und thematisiert den Wiederaufbau *[MP002: Thematisierung des Wiederaufbaus: There is nothing that cannot be done, and there is always will and*

---

78   Curcic, Danica. Expertinneninterview (Berlin, 10.03.2008)

strength to do it"]. Es geht darum, dass trotz der schwierigen Situation durch den Willen und die Bemühungen der Menschen vieles möglich ist.

Dom Mladih ist für die Mutter ein Ort, wo Menschen sich begegnet sind und Erfahrungen gesammelt haben. Sie spricht über die guten Erinnerungen ihrer Generation an Dom Mladih und vergleicht implizit den Wiederaufbau des Jugendhauses mit dem Wiederaufbau ihres eigenen Hauses *[MP024: Vermittlung von Kommunikationstrukturen: "I think that all the friendships realized the house will leave a lasting mark in their lives, in dom Mladih I spent beautiful moments"]*. Dort haben Kommunikationsprozesse stattgefunden und die Familie hat sich damit persönlich identifiziert.

„Share experience", und *„Show to the children"* bezeichnen ihre zielorientierte Position im Gegensatz zu den schrecklichen Erinnerungen, die sie haben. In Bezug auf Rekonstruktion klingen die Worte *„beautiful moments"*, und *„memories"* in diesem Beitrag nicht so nostalgisch wie in anderen, sondern mehr wie die Suche dieser Generation nach möglichen neuen schönen Momenten. Gemäß Peck ist das eine Brücke zwischen „Leer-Werden" und echter Gemeinschaftsentstehung.

Von diesem Beitrag kann man im Lernprozess viel profitieren. Er regt die Teilnehmer an, in einen Gemeinschaftsprozess einzusteigen. Und er bestätigt, dass Bildungsprozesse nicht nur in Bildungsgebäuden (vgl. Kapitel 5), sondern auch innerhalb der Familie, also in einer Gemeinschaft, stattfinden.

9.4.11 Beitrag 29

Der längste Beitrag des Dokumentarfilms dauert 3'56". Es sind Ferida *[CB025: Kunstler: Ferida spricht]*, Kresimir und Lamija die sprechen *[CB024: Jugendliche]*.

Ferida vertritt den Standpunkt, dass die Jugendlichen ein wichtiger Ausgangspunkt sind [MP006: Förderung der Entwicklung der komunikative Kompetenz: „I believe in young people who are capable enough to speak in the name of all young people"]. Ihre Aussage ermöglicht eine interessante Reflexion, weil sie, statt jemanden auszuschließen, die Verantwortung an die Jugendlichen gibt, die kompetent sind, im Namen der anderen etwas zu unternehmen. Einerseits kann das erfolgreich sein, weil es die engagierten Jugendlichen weiter motivieren kann. Andererseits erwarten Menschen, die nicht engagiert sind, dass andere sich um Lösungen bemühen. Das ist ein Paradoxon.

Sie thematisiert konkrete, gesellschaftliche Probleme deren Lösungen für die Jugendlichen wichtig wären [ME001: Inhaltlich Korrektes Vorgehen: "If there's a person, has to be strong enough to talk about economy, to talk about education, to talk about visas, passports and everything which is useful for young people"], und betont das Gemeinschaftsdenken in der Zusammenarbeit mit anderen Kulturen und in den Beziehungen zu anderen Jugendlichen [MP011: Förderung des Gemeinschaftsdenkens: „The only thing which can help you is for young people from abroad to come here and help you reconstruct the spirit of being together]. So können gemeinsam Lösungen gefunden werden.

Das ist wieder ein Paradoxon: Die Situation ist realistisch, weil der Gesellschaft Kompetenzen fehlen, zum Beispiel Medienkompetenz. Wenn die Kompetenzen entwickelt sind, dann kann man sich in seiner eigenen Gemeinschaft selbst organisieren (vgl. Kapitel 3) und diesen problematischen Prozess analysieren (vgl. Kapitel 5.3.1.).

In ihrer Aussage erkennt Ferida die Schwierigkeiten und vertritt eine Position, die viele bosnische Menschen paralysiert [ME005: Realitätsnähe: "But if you are young if you don't have a job, if you don't get a visa to go outside, you cannot do much]. "Da ich nicht ins Ausland gehen darf, kann ich nichts machen". Es klingt beinahe wie eine Ausrede für Leute, die eigentlich möchten, dass es bleibt, wie es jetzt ist. Die Gesellschaft kann, trotz aller Einschränkungen, etwas unternehmen und in die Richtung einer Entwicklung denken, wie dies z.B. Kresimir erwähnt [CB014: Gemeinschaftsbetont: „I don't want to travel. I want to stay here and help everybody"].

Ein Ausweg wäre die Vermittlung zwischen Regionen in Europa: Der Dokumentarfilm hat diese Chance aber verpasst, weil in ihm beispielsweise erwähnt wird, wie schwierig es für die Bürger ist, die bosnische Grenze zu überschreiten. Andere Möglichkeiten zum Austausch, wie etwa die Chance, zusammen mit Menschen aus verschiedenen Regionen und Ländern Projekte zu entwickeln, werden hingegen im Film nicht thematisiert.

9.4.12 Beitrag 36

Das Festival hat nur einmal stattgefunden *[SO006: Gegenwartsorientiertheit: „In May 2006 never took again"]*. Der Beitrag zeigt in 1'15" *[CB024: Jugendliche]*, dass die Erwartungen sehr hoch und die Enttäuschung am Ende sichtbar war. *„Some people organised it, but we 'kids' cannot organise stuff like that"*. Interessant ist, dass er hier seine Enttäuschung dadurch zum Ausdruck bringt, dass er sich selbst von der Rolle eines Jugendlichen auf die Ebene eines Kindes begibt. Er hat die Kraft verloren, die ihn vor und während dem Festival so motiviert hat.

Dieses Gefühl bremst zweifellos neue Initiativen. Ein Festival kann der Gesellschaft keine Versprechen geben oder Erwartungen wecken, dass es das Gemeinschaftsproblem lösen kann oder dass eines Tages alles in völligem Frieden und angenehm sein wird (vgl. Kapitel 2).

Der Inhalt ist klar und realistisch dargestellt [ME005: Realitätsnähe: "The future purpose at Dom Mladih remains unknown at least to the youth], [ME002: Informationsvermittlung: "Revival has been and now it´s gone nothing happened"].

> „It´s the reality. it´s Sarajevo. it´s not easy to start something there. it´s fine that we from outside plan something. But from inside it´s difficult. We don´t want to show in our film that everything is fine there, the people should see that Sarajevo needs help. They should continue" *(Curcic).[79]*

Am Ende stellt der Jugendliche eine Frage: Wie sollen wir weiter machen? *[MP008:Betonung der Medienbildung: "I want to do but how?"]*. Möglicherweise wird sich ein späterer Dokumentarfilm darauf konzentrieren, eine Antwort auf diese Frage zu geben. So könnte ein Prozess erfolgreich abgeschlossen und gleichzeitig ein Signal für einen Neuanfang gesetzt werden.

Das war die eigentliche Botschaft des Festivals:

> "Der Gebrauch von Medien lässt einen Zwischenraum entstehen, in dem medial gefasste Ideen, Modelle, Entwürfe, Informationen in ‚Bewegung' gesetzt werden. ‚Bewegung' meint hier, dass Informationen zwischen den kommunizierenden Akteuren ‚ausgetauscht', d.h. gesendet, transportiert, empfangen und verarbeitet werden. In Medien ist erst die Möglichkeit konstruiert, zwischen den Zeitzonen der Vergangenheit/Gegenwart/Zukunft Inhalte zu, bewegen'". *(Faßler, 1997. S.130)*

9.5 Merkmale der Analyse

Es ist deutlich, dass es kein Gleichgewicht zwischen positiven und negativen Aspekten der Gesellschaft gibt. Im Film kann man den Eindruck gewinnen, dass sogar mehr negative Elemente gezeigt werden. Dennoch wird deutlich, dass manche diese Realität ändern wollen (dies könnte zum Beispiel eine Jugendbewegung leisten).

Die bosnische Gesellschaft konzentriert sich offensichtlich auf die Kriegszeit. Das Ziel ist, eine Zukunft zu schaffen, in der man die Geschichte nicht vergisst, aber unabhängig von der Zerstörung, die sie verursacht hat, leben kann.

Wenn man immer noch auf die Zeit des Konfliks konzentriert ist, ist es schwierig, in der Gegenwart etwas zu unternhemen und sich selbst zu beobachten.

---

79   Curcic, Danica. Experteninterview (Berlin, 10.03.2008)

Die Notwendigkeit, eine Begegungsstätte zu haben, wird deutlich durch die konstante Wiederholung, dass sie den Jugendliche gehört.

Einige Male wird der Inhalt agressiv dargestellt. In diesem Zusammenhang könnte (statt der wiederholten Betonung auf die Verfeindung) eine positive Botschaft wichtige Impulse setzen.

Obwohl thematisiert, wurden die Medienkompetenzen nicht pädagogisch betrachtet. Nach dem Film weiß man nicht, wie die Gesellschaft mit den Medien interagieren, sich weiterentwickeln und wieder aufbauen kann.

10 Schlussbetrachtungen

10.1 Modell Medienpädagogik und Gesellschaftliche Entwicklung

Das Modell (siehe unten), das durch das Untersuchungsergebnis entstanden ist, eröffnet die Möglichkeit, dass mehrere Gemeinschaften in einer Gesellschaft entstehen. In einer Gemeinschaft, die neben anderen Gemeinschaften Teil einer Gesellschaft ist, bietet die Selbstorganisation eine Organisationsrichtung, die aus der Werten und Einstellungen der Gemeinschaften entstanden ist. Die Medien kreieren Orte für Austausch und haben eine pädagogische Funktion, indem sie Medienkompetenz vermitteln können. Sie betrachten die Ergebnisse der Kommunikationsprozesse und geben sie an die Gemeinschaft zurück. Das fördert die Selbstorganisation, weil sich die Gemeinschaft selbst beobachten kann. Dadurch wird die ständige Weiterentwicklung der Gemeinschaft genährt. Die Medien sind also eine Unterstützung zur Aufrechterhaltung einer Gemeinschaft.

Grafik 3:   Modell: Medienpädagogik und gesellschaftliche Entwicklung

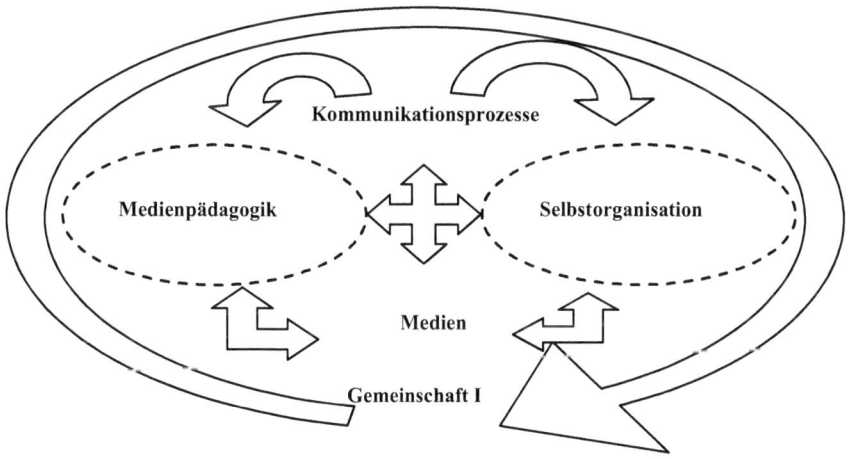

10.2 Schlussfolgerungen

Im Rahmen der Medienpädagogik als wichtiger Beitrag für gesellschaftliche Entwicklungen können kulturelle Projekte als Bildungsmittel funktionieren, wie diese Arbeit gezeigt hat. Zusammenarbeit ist erforderlich, um den Lernprozess zu verstärken oder initiieren zu können.

Es muss nicht unbedingt ein grosses Projekt sein. Kleine, kulturelle Veranstaltungen bringen sicher relevante Ergebnisse, wenn eindeutige Ziele festgelegt sind. Die Haltung, dass Bosnien quasi ein „schwarzes Loch" ist, muss unbedingt geändert werden. Es ist möglich, dass wieder ein Krieg passiert, auch wenn das niemand hofft. Aber statt einfach abzuwarten, sollte man dazulernen, so dass man, falls ein neuer Krieg kommt, neue Herangehensweisen für auftretende Probleme zur Verfügung hätte.

Das Konzept des *Community Building* von Scott Peck, nach dem eine entstehende Gemeinschaft ein Ort in der Gesellschaft ist, wo Bildung passieren kann, überzeugt. Das Konzept von *Community Building* im Zusammenhang mit dem Konzept von Selbstorganisation und Medienpädagogik zu bearbeiten, hat mein eigenes Konzept von Medien erweitert und mich davon überzeugt, dass die Gesellschaft oft unaufmerksam mit den vielfältigen Entwicklungsmöglichkeiten umgeht, welche die täglichen Kommunikationsprozesse bieten. In Bezug auf gesellschaftliche Entwicklungen hat mich diese Untersuchung begeistert, denn durch die Forschung kann ich nun verstehen, dass die Zerstörung von Gebäuden durch einen Krieg nicht unbedingt zugleich die Gefühle, Motivation, Kraft und Träume der Menschen zerstört.

Die gemeinschaftliche Bewegung fördert die Inklusivität, die Verantwortlichkeit und den Konsens der Gemeinschaft im Kommunikationsprozess. Für weitere Gestaltungen, die als Bildungsmittel funktionieren können, wird die Betrachtung dieser Elemente empfohlen. Den Konzepten, die in dieser Untersuchung angewendet wurden, folgend, sind die Aspekte Religion, Gender, Ausbildung und Einkommensniveau und Menschen mit Behinderung wichtig, weil die vielfältigen Eigenschaften der Mitglieder einer Gemeinschaft anerkannt werden sollen, damit keine Gruppe ausgeschlossen wird. Die Aspekte können die Partizipation und Interaktion der Mitglieder erhöhen und Verfeindungen vermindern oder aufheben.

Eine Gemeinschaft braucht eine oder mehrere Begegnungsstätten. Entweder müssen bestehende Begegnungsstätten anerkannt oder neue aufbaut werden. Ein Ort, wo Wirklichkeit reproduziert wird, macht eine Gemeinschaft mutiger und stärker. Wenn eine Bewegung so gestärkt wird, ist zumeist eine weiterführende Vernetzung zwischen Gemeinschaften die Folge davon. Außerdem können im Zuge des Erkennens eines Problems sehr wohl auch bereits Ideen für Lösungen entwickelt werden, um nicht alle Energien allein der Auseinandersetzung mit dem Problem selbst zu widmen, sondern diese eben auch dafür zu verwenden, konkrete Auswege anzudenken.

Die bosnische Gesellschaft tut das aber. Der Krieg in der Republik Bosnien und Herzegowina ist passiert und die Städte sind zerstört. Er ist aber seit 13 Jahren vorbei und hat natürlich strukturelle Probleme hinterlassen. Einige Auswege müssen noch gefunden werden. Gemeinschaftliche Bewegungen können viel dazu beitragen.

Die Thematisierung der Selbstorganisation und Förderung des Gemeinschaftsdenkens durch Medien kann ein wichtiger Beitrag an eine Gesellschaft sein. Auch für Filme soll eine kritische Analysefähigkeit entwickelt werden. Jeder Mensch kann reflektiert handeln und sich selbst fragen, wie Medien etwas Positives zum eigenen Leben beitragen können, wie er als Mitglied einer Gemeinschaft die Medien nutzen kann, welche Inhalte er annehmen und warum er manche Inhalte ablehnen will. Wie können Menschen die bestehenden Medien verbessern und neue Medien gestalten? Diese Fragen entstehen durch den Erwerb von Medienkompetenz. Zum Beispiel könnte das Revival Festival im Prinzip noch einmal durchgeführt werden und der Gesellschaft könnte erneut die Gelegenheit geboten werden, davon zu profitieren. Außerdem könnte der Inhalt des Festivals erweitert werden, indem neue Formen von Botschaften und Mediennutzungen eingeführt werden würden. In der Republik Bosnien und Herzegowina werden andere kulturelle Anlässe angeboten.

Bewusste, kompetente und engagierte Leute sind wichtige Voraussetzungen in einem Bildungsprozess durch Medien. Erfolgsorientierung und die Überzeugung, selbst etwas bewirken zu können, sind notwendig, um darauf zu vertrauen, dass Versuche und Bemühungen um Veränderung positive Effekte haben können.

Wichtig zu erwähnen ist, dass Medien nicht eine universelle Wahrheit vermitteln können. Es ist aber schwierig, die Gesellschaft davon zu überzeugen. Gesellschaft kann reflektieren und interagieren, damit sie für den Inhalt verantwortlich sein kann. Informationen kritisch aufzunehmen und bewusst zu nutzen, erhört die Qualitätsmerkmale der Gesellschaft.

In Post-Konflikt-Gesellschaften spielen die Medien als Bildungsmittel eine wichtige Rolle in der Selbstorganisation und beim Wiederaufbau – gerade auch beim Wiederaufbau von Begegnungsstätten als Raum für Diskussion zu gesellschaftlichen Problemen. Jugendliche können, wenn sie motiviert sind, viel dazu beitragen.

Das Vertrauen ist zweifellos eines der wichtigsten Elemente in einem Bildungsprozess. Das politische System in der Republik Bosnien und Herzegowina zeigt Probleme, die die Gesellschaft nicht besonders motivieren: Hohe Arbeitslosigkeit (ca. 45,5%[80]), Korruption, fehlende Anerkennung bosnischer Universi-

---

80   http://www.fzs.ba/Eng/index.htm (Stand: 14.05.2008)

tätsdiplome in anderen Ländern, erhebliche Hürden, die Staatsgrenze zu überschreiten und vieles andere mehr. Jeder Diskurs ist geprägt von *„because of the
war"*, was merklich den Entwicklungsprozess bremst. Das ist alles verständlich,
aber kein Grund dafür, gar nichts zu tun.

Ein weiterer Aspekt der bosnischen Gesellschaft ist die religiöse Teilung.
Unvermeidlich stellt man sich die Frage, wie man in einer religiös geteilten Ge-
sellschaft durch Medien gemeinsame Kompetenz entwickeln kann, ohne weitere
Konflikte zu provozieren, denn das ist nicht einfach. Wenn man mit Individuen
spricht und diese in einer Gemeinschaft miteinander verbunden sind, kommt der
Prozess mit Hilfe von Kommunikation in Gang.

Eine Zeit lang habe ich überlegt, ob diese Untersuchung erst für die nächs-
ten Generationen hilfreich sein könnte, weil die Angehörigen der jetzigen Generation nach 13 Jahren immer noch sehr schlechte Erinnerungen mit sich tragen.
Inzwischen bin ich aber überzeugt, dass der Prozess der Suche nach Entwicklung
täglich neu beginnen muss.

Ich habe drei Forschungsfragen beantwortet, um damit konkrete und
zukunftsorientierte Vorschläge für den Wiederaufbau zerstörter Gesellschaften zu
machen. Bei der Gesellschaft, die ich erfoscht habe, gibt es Probleme, die kommunikationswissenschaftliche Anzätze nicht beantworten können. Wenn man
sieht, dass Medien Teil unseres täglichen Lebens sind und man oft unbewusst an
Kommunikationsprozessen teilnimmt, dann erkennt man, dass verschiedene Elemente miteinander in Beziehung stehen.

Kulturelle Projekte können als Bildungsmittel für die Selbstorganisation
und den Wiederaufbau der Kommunikationsstrukturen in Gesellschaften, die
durch Kriege zerstört wurden funktionieren – auch, weil sie neue Diskurse,
Chancen und Hoffnungen erzeugen können, insbesondere dann, wenn Menschen
in Gemeinschaften verbunden sind. Kulturelle Projekte tragen Relevantes zur
Selbstorganisation zerstörter Gesellschaften bei, wenn bestimmte Gemeinschaften offen für diese Initiativen sind und bewusst die Ereignisse beobachten, die
aus ihnen entstehen. Wenn es Barrieren gibt, müssen zunächst deren Ursachen
erforscht werden, um die Hindernisse dann erfolgreich bearbeiten zu können. Die
Unterstützung von Gemeinschaften, die bereits selbstorganisiert sind, beschleu-
nigt diesen Prozess.

Die bosnische Gesellschaft und andere zerstörte Gebiete können von diesem
Beitrag in dem Sinn profitieren, dass er eine Möglichkeit zur Reflexion ihrer
eigenen Zukunft bietet.

Literaturverzeichnis

AUSTERMANN, Anton (1989): Medienpädagogik. In: Lenzen, Dieter (Hrsg): Pädagogische Gründbegriffe, Bd. 2, Reinbek (Verlag), S. 1035-1045

BAACKE, Dieter (1996): Medienkompetenz – Begrifflichkeit und sozialer Wandel. In: Antje von Rein (Hrsg.): Medienkompetenz als Schlüsselbegriff. Bad Heilbrunn (Klinkhardt), S. 112-124

BAACKE, Dieter (1997): Medienpädagogik – Grundlagen der Medienkommunikation. Tübingen (Nyemeier)

BAUER, Thomas A. (1997): Neue Medien und Neue Pädagogik. Die Interoperation von Medien und Pädagogik zur Transformation der Medienpädagogik. In: Medienimpulse, Heft 21. Wien, S. 4-10

BAUER, Thomas A. (2003): Medienpädagogik als Mediationsagentur zwischen Medienökonomie und Medienkultur. In: Altmeppen, Klaus-Dieter; Karmasin, Matthias (Hrsg.): Medien und Ökonomie, Bd. 1/1: Grundlagen der Medienökonomie: Kommunikations- und Medienwissenschaft, Wirtschaftswissenschaft. Wiesbaden

BAUER, Thomas A. (2002): Zweitwissenschaft oder Erschließungsperspektive? Zur Relevanz der pädagogischen Intervention in der Kommunikationswissenschaft. In: Paus-Haase, Ingrid; Lampert, Claudia; Süss, Daniel (Hrsg,) Medienpädagogik in der Kommunikationswissenschaft. Positionen, Perspektiven, Potenziale, Wiesbaden (Westdeutscher Verlag), S. 21-33

BAUER, Thomas A. (2006 a): Kommunikationskulturen im Wandel. In: Bauer, Thomas A.; Ortner, Gerhard (Hrsg.): Werte für Europa. Medienkultur und ethische Bildung in und für Europa. Düsseldorf (B+B Medien)

BAUER, Thomas A. (2006 b): Wertegemeischaft und Mediengesellschaft. Eurokulturelle Bildung im Rahmen medienvermittelten Lernens, S. 20-44. In: Bauer, Thomas A.; Ortner, Gerhard (Hrsg.): Kommunikationskulturen im Wandel: Werte für Europa. Medienkultur und ethische Bildung in und für Europa. Düsseldorf (B+B Medien)

BAUER, Thomas A. (2006 c): Kommunikationskulturen im Wandel. Wertemodelle und Wissensmodelle der Mediengesellschaft, S. 46-62. In: Bauer, Thomas A.; Ortner, Gerhard (Hrsg.): Kommunikationskulturen im Wandel: Werte für Europa. Medienkultur und ethische Bildung in und für Europa. Düsseldorf (B+B Medien)

BAUER, Thomas A. (2006 d): Minderheiten, Medien, Kompetenz. Transkulturalität als intrinsischer Wert der europäischen Mediengesellschaft. S. 187-210. In: Bauer, Thomas A.; Ortner, Gerhard (Hrsg.): Kommunikationskulturen im Wandel: Werte für Europa. Medienkultur und ethische Bildung in und für Europa. Düsseldorf (B+B Medien)

BLIKSTEIN, Izidoro (2003): Kaspar Hauser, ou a Fabricação da Realidade.9. Auflage. São Paulo. (Cultrix)

BOGNER, Alexander, LITTIG, Beate, MENZ, Wolfgang (Hrsg.) (2005). Das Experteninterview. Theorie, Methode, Anwendung. 2. Auflage. Wiesbaden (VS Verlag)

BONFADELLI, Heinz, JARREN, Otfried, SIEGERT, Gabriele (Hrsg.) (2005): Einführung in die Publiziszikwissenschaft. 2. Auflage. Bern, Stuttgart, Wien (Haupt UTB)

BURKART, Roland. (2002): Kommunikationswissenschaft. Grundlagen und Problemfelder. Umrisse einer interdisziplinären Sozialwissenschaft. 4. Auflage, Wien, Köln: Böhlau/UTB.

FASSLER, Manfred. (1997): Was ist Kommunikation. München (W. Fink UTB)

FLICK, Uwe (2005): Qualitative Sozialforschung. Eine Einführung. 3. Auflage. Weinheim (Rowohlt Verlag)

FLICK, Uwe, KARDORFF, Ernst V., WOLFF Stephan (1995): Handbuch Qualitative Sozialforschung. 2. Auflage. Weinheim, (Beltz Verlag)

FRÜH, Werner (2001): Inhaltsanalyse. Konstanz (UTB)

GLÄSER, Jochen, LAUDEL, Grit (2006). Experteninterviews und qualitative Inhaltsanalyse. 2. durchgesehene Auflage. Wiesbaden (VS Verlag)

GROEBEN, Norbert, HURRELMAN Bettina (Hrsg.) (2002): Medienkompetenz; Voraussetzungen, Dimensionen, Funktionen. Weinheim und München (Juventa)

GROEBEN, Norbert (2002): Dimension der Medienkompetenz: Deskriptive und normative Aspekte. S. 160-197. In: Groeben, Norbert; Hurrelman, Bettina (Hrsg.): Medienkompetenz: Voraussetzungen, Dimensionen, Funktionen. Weinheim und München. (Juventa)

HOFFMANN, Bernward (2003): Medienpädagogik. Eine Einführung in Theorie und Praxis. Deutschland (Schöningh – UTB)

HOHENBERGER, Eva. (1998): Bilder des Wirklichen. Texte zur Theorie des Dokumentarfilms. Berlin (Vorwerk 8)

HURRELMANN, Bettina (2002): Medienkompetenz: Geschichtliche Entwicklung, dimensionale Struktur, gesellschaftliche Einbettung. S. 301-314. In: Groeben, Norbert; Hurrelman Bettina (Hrsg.): Medienkompetenz: Voraussetzungen, Dimensionen, Funktionen. Weinheim und München (Juventa)

KAPUSCINSKI, Ryszard (2005): Die Welt im Notizbuch. Zürich (Piper)

KÜBLER, Hans-Dieter (2002): Medienpädagogik in der „Informationsgesellschaft". Theoretische und empirische Sondierungen. In: Paus-Haase, Ingrid; Lampert, Claudia; Süss, Daniel (Hrsg,): Medienpädagogik in der Kommunikationswissenschaft. Positionen, Perspektiven, Potenziale, Wiesbaden (Westdeutscher Verlag), S. 169-191

LUHMANN, Niklas (1987): Soziale Systeme. Grundriß einer allgemeinen Theorie. Deutschland (Stw)

NICHOLS, Bill (1976): Dokumentarfilm – Theorie und Praxis. In: Hohenberger, Eva (Hrsg.) (1998): Bilder des Wirklichen. Texte zur Theorie des Dokumentarfilms. Berlin (Vorwerk 8)

NICHOLS, Bill (1991): Representing Reality. Issues and Concepts in Documentary. Indianapolis (Indiana University Press)

PECK, M. Scott. (1998): The Different Drum. Community Making and Peace. New York (Touchstone Book)

REIN, Antje von (Hrsg.) (1996): Medienkompetenz als Schlüsselbegriff. Bad Heilbrunn (Klinkhardt)

SELLING, Anna Francisca: Interkulturelle Kommunikation im Bereich der Imigration. (Miss-) Verständnisse in der Kommunikation zwischen Brasilianern und Österreichern. Universität Wien, Diplomarbeit, 2008

SCHMIDT, Siegfried J. (2005): Lernen, Wissen, Kompetenz, Kultur. Vorschläge zur Bestimmung von vier Unbekannten. Heidelberg (Carl-Auer)

SPANHEL, Dieter (2006): Medienerziehung. Bd. 3. Erziehungs- und Bildungsaufgaben in der Mediengesellschaft. Stuttgart (Klett-Cotta)

STERN, Josef (1972): Manipulation durch das Klischee. In: Rücktäschel, Annamaria (Hrsg.): Sprache und Gesellschaft, München (Wilhelm Fink), S. 260-274

SÜSS, Daniel, PAUS-HAASE, Ingrid, LAMPERT, Claudia (2002): Zum Selbstverständnis der Medienpädagogik. In: Paus-Haase, Ingrid; Lampert, Claudia; Süss, Daniel (Hrsg.): Medienpädagogik in der Kommunikationswissenschaft. Positionen, Perspektiven, Potenziale. Wiesbaden (Opladen:Westdeutscher Verlag) S.9-18

THIEDEKE, Udo. (1997): Medien, Kommunikation und Komplexität. Vorstudien zur Informationsgesellschaft. Opladen/Wiesbaden (Westdeutscher Verlag)

WIPPERSBERG, Julia: Was dokumentiert der Dokumentarfilm? Über die Wirklichkeit und ihre Konstruktion im Dokumentarfilm. Universität Wien. Diplomarbeit, 1998

Internetquellen

http://archiv2.medienhilfe.ch/mh-info/index.htm (Stand: 22.11.2007)

http://hdr.undp.org/en/reports/nationalreports/europethecis/bosniahercegovina/name,3189, en.html (Stand: 07.09.2007)

http://www.unhchr.ch/udhr/lang/ger.htm Die Allgemeine Erklärung der Menschenrechte (Stand: 07.09.2007)

http://userpage.fu-berlin.de/~sybkram/medium/kraemer2.html (Stand: 07.09.2007)

http://userpage.fu-berlin.de/~sybkram/medium/khurana.html (Stand: 07.09.2007)

http://wwwcs.uni-paderborn.de/~winkler/medidef.html (Stand: 07.09.2007)

http://www.mediaculture-online.de/Medienbildung.357.0.html (Stand: 04.10.07)

http://www.mediamanual.at/mediamanual/workshop/kommunikation/texte_medienkultur/ index.php (Stand: 14.11.2007)

http://www.medienhilfe.ch/fileadmin/medienhilfe/15x/deutsch/mh-info4-2007web.pdf (Stand: 05.12.2007)

http://www.medienpaed.com/14/mayrberger0711.pdf (Stand: 19.03.2008)

Anhänge

Anhang 1

Experteninterview – Dr. Tarik Jusic

Tarik Jusić (1972, Bosnien). Programmdirektor bei „Mediacentar", Sarajevo, Bosnien. Works on the development of programmes and services in the Mediacentar; a supervisor for research projects, consultant and trainer for public relations and strategic communication. He obtained his degree in journalism at the Faculty of Political Science, the University of Sarajevo, MA degree in political science at the *Central European University* (CEU) in Budapest, and PhD at the Institute *for media and communications*, at University of Vienna. He has written several research papers and articles on media development in BiH.

1. Welche Kommunikationsstrukturen gibt es in einer Gesellschaft?
2. Welche Kommunikationsstrukturen müssen nach einem Krieg wieder aufgebaut werden?
3. Was ist Ihr Konzept zu *"Community Building"*?
4. Was ist Ihr Konzept zur Selbstorganisation und zum Wiederaufbau einer Gemeinschaft?
5. Welche Rolle spielen die Medien in Bezug auf die Selbstorganisation und den Wiederaufbau in post-Konflikt Gesellschaften?
6. Inwiefern sind die Medien Bildungsmittel für die Selbstorganisation einer Gemeinschaft?
7. Tragen kulturelle Projekte etwas Relevantes für die Selbstorganisation zerstörter Gesellschaften bei? Wenn ja, inwiefern? Wenn nein, warum nicht?
8. Haben Sie schon vom Revival Festival gehört?
9. Welche andere Beispiele neben dem Revival Festival gibt es aktuell in Bosnien, die für Sie relevant sind?
10. Sonstige Fragen

Anhang 2

Expertinneninterview „This is" Leiterin – Eva Wilson

Eva Wilson (1982, Großbritannien) lebt in Berlin, wo sie Kunstgeschichte und Kulturwissenschaft studiert und im Bereich „Zeitgenössische Kunst" arbeitet. Für das Projekt „This is" ist Eva Wilson für die Projektkonzeption, Kommunikation und Organisation verantwortlich.

1. Was können Sie über die Ziele des Revival Festivals erzählen?
2. Wie sieht das Projekt Revival Festival heute aus?
3. Wie läuft es seit seiner ersten Ausgabe?
4. Wie geht es weiter?
5. Warum war Ferida Durakovic eingeladet, um an diesem Projekt teilzunehmen?
6. Sonstige Fragen

Anhang 3

Expertinneninterview: Kirsten Astrup und Danica Curcic - Produzentinnen des Dokumentarfilms

Danica Curcic (1985, Serbien) lebt in Kopenhagen, wo sie an der Copenhagen University Film- und Medienwissenschaften studiert. Sie produzierte verschiedene Dokumentarfilme, darunter „Hvad vil du være, når du bli 'r stor?" (Astrup/ Curcic, 2005), ein Dokumentarfilm über das Erwachsenwerden in Dänemark.

Kirsten Lindholm Astrup (1983, Dänemark) lebt ebenfalls in Kopenhagen und studiert an der Copenhagen University Film-, Medien- und Kulturwissenschaften. Sie produzierte verschiedene Dokumentarfilme produziert, darunter „Food Not Bombs" (Astrup, 2006) – ein politisches Video-Kunst / VJ-Projekt und „Hvad vil du være, når du bli 'r stor?" (Astrup/ Curcic, 2005), ein Dokumentarfilm über das Erwachsenwerden in Dänemark.

Benjamin Swatez (1981, USA) war ebenfalls Produzent des Films, wurde jedoch nicht interviewt.
Er studierte Bildende Kunst, arbeitet als Künstler, Kinderbuchillustrator und Filmemacher und lebt derzeit in Kalifornien. Er hat verschiedene Dokumentarfilme produziert, darunter „Freedom" (Swatez, 2005) über die Jugend in New Orleans nach dem Hurrikan Katrina.

1. Wer hatte die Idee zum Dokumentarfilm?
2. Welche Elemente waren für das Hauptziel des Films entscheidend?
3. Wer spielt die Hauptrolle in dem Film (unter 8 Personen)?
4. Welche Rolle spielt Ferida Durakovic im Dokumentarfilm?
5. Inwiefern ist der Dokumentarfilm ein Bildungsmittel? Was zeigt „Revival" besonders?
6. Welche gesellschaftlichen Funktionen hat der Dokumentarfilm „Revival"?
7. Welche Erfahrungen konnten während der Produktion gemacht werden?
8. Sonstiges

Anhang 4

Experteninterview: Prof. Dr. Daniel Süss

Daniel Süss, (1962, Zürich). Vizepräsident der SGKM, Sprecher der Fachgruppe Medienpädagogik / Mediensozialisation der SGKM, Beirat der Online-Fachzeitschrift „MedienPädagogik": http://www.medienpaed.com, Beirat der Fachzeitschrift „Diskurs Kindheits- und Jugendforschung" und Beirat der Brandezza AG – wissenschaftliche Innovation für Markenwirkung. Seit 2007 Mitglied des Leitungsteams Studium, Co-Leiter des Projekts Masterstudiengang der ZHAW – Departement Angewandte Psychologie, Zürich, und seit SS 2004 Privatdozent an der Universität Zürich. Hauptdozent an der Hochschule für Angewandte Psychologie, Zürich. Aufbau des Bereichs Kommunikations- und Medienpsychologie (seit 2001) und weiterhin Lehrbeauftragter an der Universität Zürich und ETH Zürich. 1989 Lizentiat an der Philosophischen Fakultät der Universität Zürich (Psychologie, Pädagogik, Publizistik), 1992 Doktorat in Angewandter Psychologie an der Universität Zürich (Dissertation: „Der Fernsehkrimi, sein Autor und die jugendlichen Zuschauer. Medienkommunikation aus drei Perspektiven". Bern: Hans Huber Verlag, 1993). 1995 Auszeichnung der Dissertation mit dem Förderpreis für den wissenschaftlichen Nachwuchs der SGKM. 2003 Habilitation in Publizistik und Medienpädagogik an der Universität Zürich. 2004 Auszeichnung der Habilitation mit dem UBS-Habilitationspreis der Philosophischen Fakultät der Uni Zürich.

1. Inwiefern kann Medienpädagogik eine aktive Unterstützung für die Selbstorganisation einer Gemeinschaft sein?
2. Wie wichtig ist Vertrauen in einem Bildungsprozess? Wie kann Medienpädagogik in einer Gesellschaftsordnung, in welche die Menschen (noch) kein ausreichendes Vertrauen haben, eine Unterstützung für die Selbstorganisati-

on sein. (z.B. bei hoher Korruption). Wie kann Medienpädagogik gut funktionieren?[81]

3. Können kulturelle Projekte Bildungsmittel sein?
4. Tragen kulturelle Projekte etwas Relevantes für die Selbstorganisation zerstörter Gesellschaften bei, wenn die Gesellschaft offen für solche Initiativen ist? Wenn ja, gilt dies auch dann, wenn diese nicht dafür offen ist (Annahme: In Bosnien gibt es verschiedene Möglichkeiten, aber die Gesellschaft will einfach – noch – nichts verändern, es gibt eine große Barriere)?
5. Was Sind die wichtigsten Voraussetzungen in einem Bildungsprozess durch Medien?
6. (Annahme: Eine Gesellschaft ist nicht nur eine Gruppe sondern auch ein Ort, wo man verschiedene Kompetenzen einbringt. Trotz der Unterschiede verstehen man sich gut, insbesondere, wenn man daran denkt, dass Bosnien auch eine religiös geteilte Gesellschaft ist.) Wie kann man in einer religiös geteilten Gesellschaft durch Medien gemeinsame Kompetenz entwickeln, ohne weitere Konflikte zu provozieren (der Krieg hatte auch religiöse Gründe)?
7. Welche Kommunikationsstrukturen sollen vorrangig nach einem Krieg wieder aufgebaut werden?
8. (Annahme: Es ist wichtig, die ehemaligen Begegnugsstätten wieder aufzubauen und ihnen Inhalt zu geben.) Können motivierte Jugendliche etwas dazu beitragen?
9. (Annahme: Der Diskurs *„because of the war"* ist vielleicht einfacher für diese Gesellschaft.) Wie kann das Konzept Medienpädagogik zu einem positiven Diskurs führen? Kann dieses Konzept durch eine Kompetenzentwicklung diesen Diskurs verändern? (Annahme: Anstatt des Paradigmas: „Ja, wir haben soziale Probleme, 43% Arbeitslosigkeit und wir können Bosnien nicht verlassen" könnte z. B. dieses stehen: „Wir sind aber da und werden von z.B. den verschiedenen kulturellen Projekten profitieren. Vielleicht kann uns die Welt hören, verstehen und wir können etwas zur Veränderung beitragen.")
10. Welche Rolle spielen die Medien als Bildungsmittel in Bezug auf Selbstorganisation und Wiederaufbau in post-Konflikt-Gesellschaften?
11. Inwiefern tragen die Medien zur Selbstorganisation einer Gemeinschaft bei?

---

81 In der Republik Bosnien und Herzegowina glauben 63% der Bevölkerung, dass die Medien korrupt sind.

Anhang 5

Dokumentarfilm – Transkription
Revival Festival
Filmsequenzprotokoll
Dauer: 29 Minuten
Dargestellte Personen:
F: Ferida Durakovic
A16: Andrej, 16 Jahre alt
L16: Lamija,16
Z15: Zvonimir
Mann: Der mit dem Polizist spricht
K14: Kresimir, 14 Jahre
M: Mutter – Snjezana
V: Vater – Esad

Sequenz	Dauer	Personen	Inhalte
1	Beginn:00 Ende:01:11 Dauer:1'11	**Vorspann**	The youth house Dom Mladih in Sarajevo Bosnia and Herzegowina, was built in 1969 for the purpose of providing a longterm solution to the youth´s need for a center to gather and create. The house was one of the greatest cultural centers in the Balkans before the war. Dom Mladih was bombed during the war and laid in ruins for years. After the war, the youth lost its influence on the house. Today, no ohter place in Sarajevo offers thes same possibilities as Dom Mladih. The Scandinavian Organisation Kaos Pilots created the foundation *Ask Sarajevo* with the goal to bring back every square meter to the youth and ensure the reconstruction of Dom Mladih. The foundation *Ask Sarajevo* arranged a festival named „Revival" May 2005 centered at Dom Mladih, with the goal of reviving the youth culture of Sarajevo. During the festival, Bosnian and foreign youth tried to encourage each other, to fight for Dom Mladih.

2	Beginn:01:12 Ende:01:47 Dauer:35"	F	F: We don´t need to talk about the war. We do not need to be known in the world only by the war. *„May 2005 Revival Festival – Sarajevo, Bosnia & Herzegowina"* **„A documentary about hope"**
3	Beginn:01:48 Ende:02:43 Dauer:55´´	**A16**	A16: We have places to go out. There are cafes and there are discos, but they are all bad because, people aroung our age who have no money, ask you for money. If you don´t give them money or a mobile they will stab you. They will beat you up. The city is full of those places. The city ist full of those people, young people, I mean they are just 9,10,11years when they start with that. Before tha war in this youth house, Dom Mladih, there were festival every friday, saturday and it was called „New hope, new strenght". New bands could play. They could make concerts. They could show what they could do. They could express themselves, and maybe onde day the could do something showing not only to Bosnia, but to the whole region, what they could do.
4	Beginn:02:44 Ende:03:35 Dauer:51"		Some Sarajevas want Dom Mladih given back to the youth, as a nonprofitable creative space.But all inciative lack Support.
5	Beginn:03:36 Ende:04:04 Dauer:28´		Moderator: Tonight, Phil Alden Robinson brings us: One Woman´s Sarajevo. Her name is Ferida Durakovic, she is a 36-years old poet who lives with her mother in a friend´s apartment. **Dom Mladih was bombed in 1992 Ferida used to be in the cultura management of Dom Mladih and ran a bookstore situated inside.**
6	Beginn:04:05 Ende:06:28 Dauer:2´23´´	F	F: It´s been a long time, but every time I feel like crying. I am sorry to say that. I experienced on May the 2nd, which was the last day I worked there, then the real war in Sarajevo started. A lot of shells from the hills around Sarajevo

			came and put the youth house on fire. I was stuck inside the youth house. Shells were all over. There were dead people in front of the youth house. My colleague Marko was killed just in front of the youth house. I have to tell the horrible story about the last day of my work in the youth house, but at the same time...I remeber the good days of it. *Die Reportage, die damals gezeigt wurde:* Ferida: This was a round dancing hall. It was beautiful once upon a time. We had concerts, mostly rock'n roll concerts. Sometimes we had classical concerts. Reporter: Why would they pick this as a target? Ferida: Because it was one of the main places where the youth from Sarajevo came. It was a kind of symbol of the Sarajevan youth. *Im Hintergrund werden einige Bilder des Festivals gezeigt.* I'm not unhappy because I had this horrible experience.This was was probably the reason for me to become a person to sieze the moment.We do not need to talk about the war. We do not need to be known in the world only by the war.we have a great urge to talk with the rest of the world about the future. *Während des letzten Satzes wird im Hintergrund „Revival Festival Sarajevo May 2005"gezeigt.* This festival can actually be some kind of talking about something else. *Es folgen Bilder von Dom Mladih während der Vorbereitung zum Festival und solche von der Zeit vor der Zerstörung.*
7	Beginn:06:29 Ende:07:09 Dauer:40"		People from all over the world came to help realize the project. This was the first big gathering of youth in Dom Mladih since the war.

8	Beginn:07:10 Ende:07:40 Dauer:30"		Probudise – wake up!
9	Beginn:07:41 Ende:08:03 Dauer:38"		Revival Festival was the first big chance to demonstrate the importance of getting back the house. During the Revival Festival: three days of concerts. Skating, art, etc. Dom Mladih belonged to the youth.
10	Beginn:08:04 Ende:08:23 Dauer:19"	**A16** **L16**	**A16**: Nothing good ever happens, only bad things. If you always watch bad things you start believing that there is no good. **L16**: Except this Revival Festival! **A16**: Yeah, this is one of the best things that has happened in the last few years. **L16**: We need more things like this Revival ... Definitely!
11	Beginn:08:24 Ende:08:55 Dauer:31"		Moderator: Dom Mladih is the place where the rock scene of Boshnia and Herzwgowina arouse. All of the bands that we used to listen to, and still do this day, started here. It ist time for this hall to be returnet to us, no to them but to us, the youth. Now, then, forever for us young people. Never for those old people. Never. Do not forget that. TEXT: The large attendance at Revival proved the enormous need for a central youth house.
12	Beginn:08:56 Ende:09:04 Dauer:8"		But are all young Sarajevans equally active in the fight for Dom Mladih? But are all young Sarajevans equally active in the fight for Dom Mladih?
13	Beginn:09:05 Ende:09:10 Dauer:5"		L16: we have a hope, but the problem is only a few people here have a hope
14	Beginn:09:05 Ende:09:24 Dauer:19"		Z15: All the people think that they don´t need to change, and that they can´t change anything. But one man can change a lot of things.At least in his own life.

15	Beginn:09:25 Ende:09:38 Dauer:13"		Wake up! Before Dom Mladih returns to the youth, people like Lamija and Zvonimir must win the support of their own generation.
16	Beginn:09:39 Ende:09:40 Dauer:1˝		Have you heard of the Dom Mladih opening?
17	Beginn:09:41 Ende:09:59 Dauer:18"		About Dom Mladih? No, we haven´t. 1 Mädchen: No 2 Freunde: No 1 Frau: No, we haven´t. 1 Mann: I haven´t. 1 Junge: No 1 Junge: I dont know. 1 Junge: C´mon, that was once upon a time... 2 Damen: No, I haven´t heard of it. 2 Männer: I don´t Know. We haven´t been there, and we are not going.
18 (2)	Beginn:10:00 Ende:10:19 Dauer:9"		Z15: I really don´t know what the Bosnian youth wants. And the Bosnian youth is not defined, because part of the youth wants to change something, and part of the youth doesn´t care.
19	Beginn:10:20 Ende:10:51 Dauer:31"		F: Young people from Bosnia want to become a part of a normal, democratic world.I have this general feeling, when I am talking about this festival. That´s absolutely important, and even if some young people in Sarajevo don´t come, if they are not interested in the thing, which can happen for some people, thos people who work for the festival actually work for somehting that will be useful for those indifferent young people, wich we have.
20	Beginn:10:51 Ende:11:12 Dauer:21˝		Wake up, people! Probudise
21	Beginn:11:13 Ende:12:10 Dauer:57˝		Text: ... and the youth also need the support of politicians, commercial investors and law enforcement, to revive their house 1 Mann: The music is now turned off, and

			won´t be played until 2 o´clock! Polizist: There is a complaint from the Main court and the township saying that they can´t work. 1 Mann: I hear you, but we are reviving the youth house and for that you should show more understanding, since the Main court and the township did not.Of course music is part of the program...! Polizist: That´s in the youth house? In fornt of the youth house... 1 Mann: Well, as you can see, the music is already turnned off. *Shakehands, er geht weg und sagt:* In front of us are the buildings of the township, and the cantonal goverment. Over there is the Federal Supreme Court, and they have requested us to turn down the music while they are working, because they find this unbearable noise disturbing. *Er lacht und geht weg.*
22	Beginn:12:11 Ende:13:03 Dauer:52"		K14: I am thinking about the youth house not as an object, as a building. I see just the people in it. I see the people who can always help me, they are going to listen to me, and not say: „Oh, your idea is stupid". They are always going to try their best. TEXT: Zvonimir und Kresimir are brothers participating at the Revival Festival Z: The two of us have a lot of friends that believe they can change something, with really strong attitudes, so... K14: We are always side by side and we are always fighting against the problems togheter.Sometimes it ends really bad, but we´re always like ... Like brothers!
23	Beginn:13:04 Ende:13:17 Dauer:13"		TEXT: Since Dom Mladih does not belong to the youth, a large portion of the creative youth gather in the streets to express themselves.
24	Beginn:13:18 Ende:13:28		L16: The real expression is on the street, because it´s something that comes right from

	Dauer:10"		your heart. Not for money! It means you are not doing it for money. A16: Yeah, for ourself ... L16: ... and for the people.
25	Beginn:13:29 Ende:14:40 Dauer:1'11"		TEXT: Dom Mladih is a part of Skenderija Complex Z: „Security just doesn´t let us skate here. But we do skate here, because there is no other place to skate.It´s the best place in Sarajevo I just don´t want conservative people to think that it´s bad, that we are like vandals. People say that we are destroying Skenderija, but that´s not true! It doens´t bother anybody but the security.People just don´t want anything to change. K14: I want to better like a man, like a human. I want to be better at grafitti. I want to be... I don´t want somebody speaking behind my back, I want to be good in everything. I like art. I always like to draw something, anything. Not always grafitti. I even like drawing faces, everything. I just like art!
26	Beginn:14:41 Ende:15:26 Dauer:45''		K14: The people are never going to understand the writers, because they are like: „Oh, those vandals!" Some artists are doing their job with oil paint. We are doing it with the sprays. We are looking for inspiration in this fucked up country! We are trying to find understanding from the people.
27	Beginn:15:27 Ende:16:12 Dauer:41''		F: I was sitting on the ninth floor in a big building without water and electricity, and with shelling all over. But suddenly, it came to me to write funny children's stories of letters. I gave myself to children, who I was thinking about when I was writing that. If i gave myself to horrible things, I probably wouldn't have been alive today. This book became a

			part of school curriculum in elementary schools in Bosnia.
28	Beginn:16:13 Ende:19:23 Dauer:3'10"		TEXT: Some Sarajevan families who outlived their youth in former Dom Mladih wish for their children to share similar experiences. M: The was lasted longer than we expected. We then thought that the war would never end, and if it finally ended, we would be too old and we wouldn't be able to have kids anymore. For a long time we thought about it, to come to the final decision that we anted to have a child, because we believed that this child could pull us out of the depression. During war you cannot avoid depression, you don't have water, you don't have electricity, and there is constant shooting. It was horrible. It was unbelievable how ward it was to survive. Someone might think that it was a crazy decision that we weren't conscious about what we were doing, we were extremely conscious in our decision for Hana to be born. My entire generation connects beautiful memories to the youth house, and for that I am overjoyed that it is being reopened, and that new generations, and even my children will be able to enjoy in this youth house. Vater: Our apartment looked something like this, maybe even worse. It was destroyed by the effect of war (a picture from a destroyed apartment). During the war the youth house perished, and with that, a portion of my memories were torn down, however, they can't be destroyed. The beautiful moments in the youth house and the friends I hung out with, these thoughts always come flooding out. It was very sad to look at a house that wasn't there anymore. TEXT: The family's home. Which they restorated themselves. Vater: I believe that there is nothing in this

			world that cannot be completed, meaning to be done, to be made, or to be revived. Not only in the context of restoring places apartments, etc. but with the community of action, the community of friendships, a lot can be accomplished. I Think that even though we have been struck by a terrible war, one thread, one guiding thought has withstood through the war. There is nothing that cannot be done, and there is always will and strength to do it. I will probably take my children to Dom Mladih one day and show them where their dad used to spent beautiful moments, and where he enjoyed life to the fullest. I think that all the friendships realized the house will leave a lasting mark in their lives. It's better to be with people, with friend than hold other things in your hands, like a fountain pen. Remember the existence of flowers, a guitar, and someone's hand...
29 (3)	Beginn:19:24 Ende:22:20 Dauer:3'56"		F: I believe in people, especially in young people who are capable enough to speak in the name of all the young people. K: When the war was here I was really young, but my mom and dad stayed here because they wanted to handle everything that was going on. People who left the country, are cowards to me, I mean that.I don't want to travel. I want to stay here and help everybody. L: When you say something to the youth here in Bosnia like: „Come on, let's do something", everybody looks at you like you're crazy.There is this show that I am working on, it's called „Zyon". It is about the problems of the youth... The other girl: And no one watches it... L: NO! The problem is everybody watches is, but nobody wants to admit. F: If there is a person, that person probably has to be strong enough to talk about economy, to talk about education, to tall

			about visas, passports and everything which is useful for young people.Not talk about nationalitites, not talking about being better that other ethnic groups, not talking about hatred, not talking about the past but talking about the future.I do believe that it will happen one day. It´s better to have young foreign poeple coming here, that to have high representatives and his suite being in Bosnien. I feel very good about young people coming to Sarajevo initiatig things , because young people do not have any kind of interests, except their own wish to see and to communicate.I am sorry that this general idea did not come from Bosnia. But if you are young, if you don´t have a job,if you don´t get visa to go outside, you cannot do much. So, the only thing which can help you is for young people from abroad to come here and help you reconstruct the spirit of being together.
30	Beginn:22:21 Ende:23:12 Dauer:51"		TEXT: Young Bosnian theater group performing at the Festival. A16: People think that we are some stupid country, where nothing is good. But the most things that the rest of the world hast, we have it too. We have TV, we have TV channels, we have the same things on our TV as in America. L: We have great bands, wse have great artists, we have great writers, great music, great letters we have everything. A16: We have great bands, not only in Bosnia, but in all lot of others countries of former Yugoslavia. K: People in the world see Bosnia like: „Oh, that´s the black hole. There´s nobody good in there." A16: „Oh my God, mafia" or „DO you still have war in Bosnia?" "How can you still be alive?" L: Or: „Are you okay?"

			K: That Bosnia is so fucked up that people are escaping to other contries.
31	Beginn:23:13 Ende:23:59 Dauer:46"		Z15:They are always complaining that nobody has money here, that's why there are a lot of criminals, a lot of everything .But people are waiting for wonders, and wonders don't happen so easily, because you really have to do something. K: We are together. And then we can make something. If we are not together, we are not going to make anythig except... a black hole.
32	Beginn:24:00 Ende:24:35 Dauer:35"		F: The last rock Concert held in the youth house, was in 1990-91, and rock group „Scorpions" from America came to play here. Their song was „The wind of change". This song was a symbol of something, which I did not expect to come. if you talk about evil, the wind of change came. If you talk about good things as i this song, we can talk about the „wind of change". And we will wait for this wind of change to be a little bit stronger and come to Bosnia.
33	Beginn:24:36 Ende:25:32 Dauer:56"		Moderator in Festival: It´s time for this hall to be returned to us, not to them, but to us, the youth. TEXT: Final day of Revival – Darko Rundek & cargo Orchestra Concert Moderator: It's time for this hall to be returned to us. Now, then, always for us, the youth!
34	Beginn:25:33 Ende:25:50 Dauer:17"		F: The best thing would be to make it again. If you make it again, then it´s the sign that the first one was good.
35	Beginn:25:51 Ende:26:11 Dauer:20"		Text: Sarajevo one year later K: From past year, Zvonimir is bigger, smarter, faster ... I don´t know. Lot´s of things changed, like ...The way ... Cut, cut !!!
36	Beginn:26:12 Ende:27:27 Dauer:1'15"		TEXT: The Revival Festival at Dom Mladih in May 2006 never took place and the building is once again under construction.

			The future purpose at dom Mladih remains unknown at least to the youth. Z: „Revival" has been and now it is gone. Nothing happend. With the youth house, nothing happened. K: Revival was a project. Some people organized it, but we kids cannot organize stuff like that. Yeajh, I want to , but how? We have no money. We have no people who can tell us how to do that. If you are a normal kid, if you want to come and change things, they are going to talk to you like: „Hey Kid, move out of my way. I´m busy. So you cannot talk with older people about things, and you cannot organize anything. I think the youth will come together in the future because somebody is going to change somehting. If a hundred poeple are bad, at least one is good.
37	Beginn:27:28 Ende:27:56 Dauer:28"		Text: During the past year Lamija has joined activist group lighting for the citizens´voice to be heard. L: I just woke up one morning and i sad. „Okay, don´t be so pessimistic. Things won´t change if you don´t do anything" So I said: „Why am I waiting for someone to do something?" I will get out on the street and if I want to shout, I will shout. Somebody else will see me shouting, and they will come to join me, and we will be shouting together.
38	Beginn:27:57 Ende:29:01 Dauer:1'4"		Music des Festivals

Anhang 6

Erhobene Daten – Beiträge
1. Beitrag (Dauer: 1'11")

Betroffene Indikatoren:
CB007: Ethnie: „The Scandinavian Organisation", „Bosnian and Foreign".
CB008: Berücksichtigung der Zivilgesellschaft „Bosnian (Youth)".
CB010: Integrierende Position: „Goal of reviving the youth culture".
CB014: Gemeinschaftsbetont: „Encourage each other".
CB017: Stellt irgendeine Kommunikationsbarriere dar: „The youth lost its influence on the house."
CB018: Suche nach Problemlösung: „Bring back to the youth and ensure the reconstruction of Dom Mladih."
SO002: Chronologische Gesamtdarstellung: „Was built in 1969", „During the war", „A festival named 'Revival' May 2005."
SO011: Sprachlicher Pluralismus: „The house was one of the (...) cultural centers in the Balkan."
SO012: Klar erkennbare Ziele: „The goal of reviving the youth culture of Sarajevo."
WB002: Monoperspektive: „Today, no other place in Sarajevo offers the same possibilities as Dom Mladih." to bring back and ensure the reconstruction of Dom Mladih".
WB003: Multikulturell: „Bosnian and foreign youth."
ME004: Agressivität: „Every square meter to the youth", "Fight for".
ME009: Thematisierung der Begegnungsstätten: „The youth lost ist influence on the house."
MP002: Thematisierung des Wiederaufbaus: „Ensure the reconstruction of Dom Mladih".
MP003: Förderung interkultureller Relationen: "Bosnian and foreign youth".
MP009: Anregung zur Veränderung: "Goal of reviving the youth culture of Sarajevo".
MP011: Förderung des Gemeinschaftsdenkens: "Encourage each other".
MP014: Nutzbarkeit ohne Vorkenntnisse:
MP018: Einfallsreiche, innovative/mutige Gestaltung: „Today no other place in Sarajevo offers the same possibilities as Dom Mladih.
MP019: Sachliche Gestaltung

Im Bezug auf **Zeit**	Im Bezug auf **Ziel**	Im Bezug auf **Rekonstruktion**	Im Bezug auf **Ort***	Im Bezug auf **Ziel-publikum**
Before	Goal	**Reconstruction**	Dom Mladih	To the **youth (6)**
After	Purpose	Reviving	Cultural center	Youth´s need
		Encourage	Center to gather and create	The youth culture of Sarajevo
		Fight for		
		Providing		
2	2	5	3	8
7,70%	7,70%	**19,20%**	11,50%	**30,80%**
26	26	26	26	26

* (Kommunikationsstruktur/Begenungssttäten)

2. Beitrag (Dauer: 0'35")
Betroffene Indikatoren:
SO005 Zukunftsorientiertheit: „Documentary about hope".
ME006 Abstraktheit: „We don´t need ... we do not...".

Im Bezug auf **Re-vival Festival**	Im Bezug auf **Konflikt**
Hope	**War (2)**
2	2
50%	50%
4	4

3. Beitrag (Dauer: 0'05")
Betroffene Indikatoren:
CB006 Altersgruppe: "Young people, just 9, 10, 11 years".
CB011 desintegrierende Position: „If you don´t give them money or a mobile they will stab you", "They will beat you."
CB013 Thematisierung der Minderheit: "People around our age who have no money, ask you for money", "The city is full of those places."
CB024 Jugendliche anwesend: A16 spricht "Before the war in this house, there were..." Er war damals noch gar nicht geboren.

SO001 Zeit vor dem Krieg: „Before the war".

SO007 Gewohnheit: "There were festival every Friday, Saturday, they could make concerts, could show waht they could do, express themselves."

SO015 Förderung regionaler Identität: "One day they could do something showing not only to Bosnia, but the whole region what they could do."

ME009 Thematisierung der Begegnungsstätten: "We have places to go, cafes, discos", " Dom Mladih".

Im Bezug auf die gesellschaftliche Aspekte	Im Bezug auf die Akteure der Gesellschaft	Im Bezug auf Ort*	Im Bezug auf Zeit	Im Bezug auf Konflikt	Im Bezug auf Ziel	Im Bezug auf Gewohnheit
Bad	We (Jugendliche)	Cafés	Before	War	Bosnia	New Bands play
Stab		Discos			Whole Region	Make concerts
Ask for money		Youth House				Show what they could do
beat						Express themselves
4	1	3	1	1	2	4
25%	6,30%	18,80%	6,30%	6,30%	12,50%	**25%**
16	16	16	16	16	16	16

* (Kommunikationsstruktur/Begenungssttäten)

4. Beitrag (Dauer: 0'51")
Betroffene Indikatoren:

SO012 Klar erkennbare Ziele: „All initiative lack support."
WB002 Monoperspektive: „Give it back to the youth."
MP024 Vermittlung von Kommunikationstrukturen

Im Bezug auf die **Akteure** der **Gesell- schaft**	Im Bezug auf **Ziel**	Im Bezug auf **Rekonstruktion**	Im Bezug auf **Ort***	Im Bezug auf **Zielpublikum**
Sarajevans	Support	Give it back	Non profitab- le space	Youth
			Dom Mladih	
1	1	1	2	1
20%	20%	20%	40%	20%
5	5	5	5	5

* (Kommunikationsstruktur/Begenungsstttäten)

5. Beitrag (Dauer: 0'28")
Betroffene Indikatoren:
CB025 Ferida Durakovic als Hauptdarstellerin.
SO003 Konfliktzentriertheit: „Dom Mladih was bombed in 1992."

Im Bezug auf die **Akteure** der **Gesell- schaft**	Im Bezug auf Inhalt **(Informations- vermittlung - ME)**	Im Bezug auf die **Gemeinschaft** **(Gesellschaft- lichedimension)**	Im Bezug auf **Konflikt**	Im Bezug auf **Ort***
Ferida Durakovic	CNN Moderator	Friend's apartment	bombed	Dom Mladih (2)
1	1	1	1	2
16,7	16,7	16,7	16,7	33,3
6	6	6	6	6

* (Kommunikationsstruktur/Begenungsstttäten)

6. Beitrag (Dauer: 2'23")
Betroffene Indikatoren:
CB025 Künstler: Ferida Durakovic spricht.
SO003 Konfliktzentriertheit: „I experienced on May 2th."
SO010 Werte: "It´s a kind of symbol f the Sarajevan youth."
ME009 Thematisierung der Begegnungsstätten: "It was a beautiful on upon a time, we had concerts…"
MP024 Vermittlung von Kommunikationstrukturen: "One of the main places where the youth from Sarajevo came."

MP001 Thematisierung der Selbstorganisation: "… not only by the war… a great urge to talk with the rest of the world about the future."

Im Bezug auf **Zeit**	Im Bezug auf **Konflikt**	Im Bezug auf **Rekonstruktion**	Im Bezug auf **Ort***	Im Bezug auf **Akteure der Gesellschaft**
A long time	**War (4)**	Urge to talk about future	Youth house (5)	Shells (2)
Every time	On fire	About so-mething else		
On May 2nd	Dead people			
Last day (I've worked there) (2)	Killed			
actually	Horrible history			
	Experienced			
	Crying			
	Sorry			
5	**11**	**2**	**5**	**2**
20%	**44%**	**8%**	**20%**	**8%**
25	25	25	25	25

* (Kommunikationsstruktur/Begenungssttäten)

7. Beitrag (Dauer: 0'40")

Betroffene Indikatoren:
CB021 Personen verschiedener Ethnizitäten: „People from all over the world came."
SO003 Konfliktzentriertheit: "Since the war".
ME002 Informationsvermittlung: „Ths was the first big gathering."

Im Bezug auf **Zeit**	Im Bezug auf **Konflikt**	Im Bezug auf **Rekonstruktion**	Im Bezug auf **Akteure der Gesellschaft**
Since the war	**War**	Help	People from all over the World
		Realize the project	Big gathering of youth
			Scandinavian Festival organisators

1	1	2	3
14,30%	14,30%	**28,60%**	**42,90%**
7	7	7	7

8. Beitrag (Dauer: 0'30")
Betroffene Indikatoren:
ME001 Inhaltlich korrektes Vorgehen: „Probudise".

Im Bezug auf **Zielpublikum**
Wake up

9. Beitrag (Dauer: 0'38")
Betroffene Indikatoren:
CB015 – Konfliktverhinderung: Indikator für Pseudogemeinschaft: „Three days concert, skating, art, etc Dom Mladih belonged to the youth."
SO011 Sprachlicher Pluralismus: „Concert, skating, art, etc.".
MP007 Anregung zu kritischem Denken: „Demonstrate the importance of getting back the house."

Im Bezug auf **Revival Festival**	Im Bezug auf **Konflikt**	Im Bezug auf **Ziel**	Im Bezug auf **Rekonstruktion**	Im Bezug auf **Ort***	Im Bezug auf **Zielpublikum**
First big chance	Since the war	Demonstrate the importance	Give it back	Dom Mladih	Youth
Revival Festival					
2	1	1	1	1	1
28,60%	14,30%	14,30%	14,30%	14,30%	14,30%
7	7	7	7	7	7

* (Kommunikationsstruktur/Begenungssttäten)

10. Beitrag (Dauer: 0'19")
Betroffene Indikatoren:
CB011 Desintegrierende Position: „Nothing good ever happened", „Only bad things", "There's no good things."
CB018 Suche nach Problemlösung: "We need more things like this Revival."
CB024 Jugendliche anwesend: A16 und L16 sprechen.
MP009 Anregung zur Veränderung: „Definitely".

Im Bezug auf **Revival Festival**	Im Bezug auf **Konflikt**	Im Bezug auf **gesellschaftliche Aspekte (desintegrierende Position**	Im Bezug auf **Zielpublikum**
Good thing	Since the war	Nothing good ever happened	We (youth)
Best thing		Only bad things	
We need more "Revival"		There's no good things	
3	1	3	1
37,50%	12,5	**37,50%**	12,50%
8	**8**	**8**	**8**

11. Beitrag (Dauer: 0'31")
Betroffene Indikatoren:
CB025 Künstler: Moderator anwesend beim Festival.
SO006 Gegenwartsorientiertheit: „It's time for", „Now".
SO012 Klar erkennbare Ziele: "Forever for us young people".
SO013 Vermittlung und Förderung eigener Werte: "The rock scene of Bosnia".
ME004 Agressivität: „Never. Do not forget", „Those old people".
MP022 Ausgrenzung bestimmter Gruppen vom Inhalt: "Old people".

Im Bezug auf **Zeit**	Im Bezug auf **Ziel**	Im Bezug auf **Rekonstruktion**	Im Bezug auf **Ort***	Im Bezug auf **Zielpublikum**
It's time	„Forever this place for us"	Return to us	Dom Mladih (2)	Youth (2)
now			Bosnia and Herzegowina arouse	
2	1	1	3	2

22,20%	11,10%	11,10%	**33,30%**	22,20%
9	9	9	9	9

* (Kommunikationsstruktur/Begenungsstttäten)

12. Beitrag (Dauer: 0'08")
Betroffene Indikatoren:
CB014 Gemeinschaftbetontheit: „Equally active".
CB007 Ethnie: "All young Sarajevans".
SO012 Klar erkennbare Ziele: "Fight for Dom Mladih!"

Im Bezug auf Ziel	Im Bezug auf **Rekon-struktion**	Im Bezug auf **Ort***	Im Bezug auf **Ziel-publikum**
Fight for	Equally active	Dom Mladih	Young Sarajevans
1	1	1	1
25%	25%	25%	25%
4	4	4	4

* (Kommunikationsstruktur/Begenungsstttäten)

13. Beitrag (Dauer: 0'05")
Betroffene Indikatoren:
CB011 Desintegrierende Position: „Only a few have a hope."
CB024 Jugendliche anwesend: L16 spricht.
SO012 Klar erkennbare Ziele: "We have a hope."

Im Bezug auf **gesellschaftliche Aspekte (desintegrierende Position)**	Im Bezug auf **Ziel**	Im Bezug auf **Ziel-publikum**
Only a few people have a hope	Hope	We (youth)
1	1	1
33,30%	33,30%	33,30%
3	3	3

14. Beitrag (Dauer: 0'19")
Betroffene Indikatoren:
CB011 Desintegrierende Position: „They can´t change."
CB010 Integrierende Position: „One man can change a lot of things."
CB024 Jugendliche anwesend: Z15 spricht.

Im Bezug auf **gesellschaftliche** **Aspekte (desintegrierende Position)**	Im Bezug auf **Ziel**	Im Bezug auf **Ziel-publikum**
„Can't change."	Change (3)	People (Gesellschaft)
1	3	1
20%	**60%**	20%
5	5	5

15. Beitrag (Dauer: 0'13")
Betroffene Indikatoren:
ME001 Inhaltlich korrektes Vorgehen: "Wake up!"
ME005 Realitätsnähe: Lamija und Zvonimir

Im Bezug auf **Rekonstruktion**	Im Bezug auf **Ort***	Im Bezug auf **Ziel-publikum**
		Youth Genereation
Return	Dom Mladih	Youth
		Wake up
20%	20%	**60%**
5	5	5

* (Kommunikationsstruktur/Begenungssttäten)

16. Beitrag (Dauer: 0'01")
Betroffene Indikatoren:
CB016 Suche nach Organisation (Chaos) Interview: "Have you ever heard about Dom Mladih?"

Im Bezug auf **Rekonstruktion**	Im Bezug auf **Ort***	Im Bezug auf **Ziel-publikum**
Opening	Dom Mladih	(Gesellschaft) Inter-view auf die Straße
1	1	1
33,30%	33,30%	33,30%
3	3	3

* (Kommunikationsstruktur/Begenungssttäten)

17. Beitrag (Forsetzung 16.) (Dauer: 0'18")
Betroffene Indikatoren:
CB022 Personen mit unterschiedenen Standpunkten (viele Leute auf der Straße).

18. Beitrag (Dauer: 0'09")
Betroffene Indikatoren:
CB011 Desintegrierende Position: "Bosnian youth is not defined", "Youth doesn´t care."
CB024 Jugendliche anwesend: Z15 spricht.

Im Bezug auf **gesellschaftliche Aspekte** (desintegrierende Position	Im Bezug auf **Zielpublikum**
Bosnian not defined	Bosnian youth (4)
Doesn't care	
2	4
33,30%	**66,70%**
6	6

19. Beitrag (Dauer: 0'31")
Betroffene Indikatoren:
CB025 Künstler: Ferida Durakovic spricht.
MP001 Thematisierung der Selbstorganisation: „Those people who work for the festival work for something that will be useful fot those indifferent young people which we have."

Im Bezug auf **Revival Festival**	Im Bezug auf **Zielpublikum**
General feeling	Young people (3)
Festival	Indiferent
2	
4	5
44,40%	55,60%
9	9

20. Beitrag (Dauer: 0'21")
Betroffene Indikatoren:
ME001 Inhaltlich korrektes Vorgehen: „*Probudise*", auf Deutsch: Wach auf !

> Im Bezug auf **Zielpublikum**
>
> Probudise/Wake up (10)

21. Beitrag (Dauer: 0'57")
Betroffene Indikatoren:
CB028 Amtsvertreter: Polizist spricht.
CB027 Firmen: Repräsentant von *Ask Sarajevo*.
CB015 Konfliktverhinderung: „You should show more understanding, …". Der Mann spricht mit dem Polizisten: „Well as you kann see the music is already turned off."
ME002 Informationsvermittlung: "They have request us to turn down the music while…", erklärt er.

Im Bezug auf **CB-Politiker/ Amtsvertreter**	Im Bezug auf **Ziel**	Im Bezug auf **Rekonstruktion**	Im Bezug auf **Ort***	Im Bezug auf **Zielpublikum**
Turn down the music	Revive	Support	House	Youth
Noise disturbing (2)			Youth house (2)	
3	1	1	3	1
33,30%	11,10%	11,10%	33,30%	11,10%
9	9	9	9	9

* (Kommunikationsstruktur/Begenungssttäten)

22. Beitrag (Dauer: 0'53")
Betroffene Indikatoren:
MP002 Thematisierung des Wiederaufbaus: „Change something with really strong attitudes."
CB014 Gemeinschaftsbetont: "Fight against the problems togheter", "We´re always like brothers."
CB024 Jugendliche anwesend: Z15 und K14 sprechen.
MP024 Vermittlung von Kommunikationstrukturen: „I am thinking about the youth house not as an object, as a building. I see just the people in it. I see poele who can always help me, they are going to listen me", "They are always going to try their best."

Im Bezug auf **Revival Festival**	Im Bezug auf **Rekonstruktion**	Im Bezug auf **Ort***	Im Bezug auf **Zielpublikum**
participants	Strong atittudes	Youth house	People (2)
	Change something		We (2)
	Fight against the problems togheter		brothers
1	3	1	5
10%	30%	10%	**50%**
10	10	10	**10**

* (Kommunikationsstruktur/Begenungssttäten)

23. Beitrag (Dauer: 0'13")
Betroffene Indikatoren:
CB011 Desintegrierende Position: „Since does not belong to the youth …Graffiti in the street."
MP024 Vermittlung von Kommunikationstrukturen: Dom Mladih

Im Bezug auf **Zeit**	Im Bezug auf **Ort***	Im Bezug auf **Zielpublikum**
since	Dom Mladih	Youth (2)
		Creative gather
20%	20%	60%
5	5	5

* (Kommunikationsstruktur/Begenungssttäten)

24. Beitrag (Dauer: 0'10")
Betroffene Indikatoren:
CB024 Jugendliche anwesend. L16 und A16 sprechen.
CB014 Gemeinschaftsbetont: „For yourself and for the people".
SO018 Thematisierung der Freiwilligkeit: "You are not doing it for money."

Im Bezug auf **Rekonstruktion**	Im Bezug auf **Ort***	Im Bezug auf **Zielpublikum**
Not for money	Street	people
From heart	Ort for real expression	
40%	40%	20%
5	5	5

* (Kommunikationsstruktur/Begenungssttäten)

25. Beitrag (Dauer: 1'11")
Betroffene Indikatoren:
CB011 Desintegrierende Position: "People just don´t want anything to change."
CB024 Jugendliche anwesend: Z und K14 sprechen.
ME001 Inhaltlich korrektes Vorgehen: "I want to be better like a human, I want to be good in everything."
ME002 Informationsvermittlung: "People say that we are destroying Skenderija, but it´s not true."
ME009 Thematisierung der Begegnungstätten: „There´s no other place to skate. It´s the best place in Sarajevo."
SO013 Vermittlung und Förderung eigener Werte: "I like art, I always like to draw anything, graffiti, faces. I just like arts."
MP022 Ausgrenzung bestimmter Gruppen vom Inhalt: "I just don´t want conservative people to think that´s bad."

Im Bezug auf **CB-Politiker/Amts-vertreter**	Im Bezug auf **Ziel**	Im Bezug auf **Ort***	Im Bezug auf **Zielpublikum**
don´t let	Better (2)	Skenderija best place	We (4)
Security	Good		Vandals
			Conservative people
2	3	1	7
15,40%	23,10%	7,70%	**53,80%**
13	13	13	13

* (Kommunikationsstruktur/Begenungssttäten)

26. Beitrag (Dauer: 0'45")
Betroffene Indikatoren:
CB024 Jugendliche anwesend: K14 spricht.
CB011 Desintegrierende Position: „Fucked up country".
CB018 Suche nach Problemlösung: "We are trying to find understanding from the people."
ME005 Realitätsnähe: "Some artists are doing their jobs with oil paint, we are doing it with the sprays."

Im Bezug auf **Zielpublikum**
People (Gesellschaft) (2)
We (3)

27. Beitrag (Dauer: 0'41")
Betroffene Indikatoren:
CB025 Künstler: Ferida Durakovic spricht.
MP008 Betonung der Medienbildung: „This book become a part of school curriculum in elementary schools in Bosnia."
WB001 Multiperspektive: "Write funny children stories of letters, I gave myself to children."

Im Bezug auf **Zeit**	Im Bezug auf **Konflikt**	Im Bezug auf Ort*	Im Bezug auf **Zielpublikum**
Während des Krieges	Without water	Elementary school	Shelling
Today	Without eletricity		
	Horible things		
	Nicht alived		
2	4	1	1
25%	50%	12,50%	12,50%
8	8	8	8

* (Kommunikationsstruktur/Begenungssttäten)

28. Beitrag (Dauer: 3'10")
Betroffene Indikatoren:
CB022 Personen mit verschiedenen Standpunkten: „Some Sarajevas families … share imilar expeiences."
SO003 Konfliktzentriertheit: "The war lasted longer than we expected", "We thought the war would never end", "During the war, "Destroyed by the war", …
WB001 Multiperspektive: "I believe that there is nothing in this world that cannot be completed, meaning to be done, to be made, or to be revived. Not only in the context of restoring places apartments."
CB014 Gemeinschaftsbetont: "With the community of action, the community of friendships, a lot can be accomplished."
MP002 Thematisierung des Wiederaufbaus: "There is nothing that cannot be done and there is always will and strength to do it."
MP024 Vermittlung von Kommunikationstrukturen: "I think that all the friendships realized the house will leave a lasting mark in their lives, in Dom Mladih I spent beautiful moments."

Im Bezug auf Konflikt	Im Bezug auf Ziel	Im Bezug auf Rekonstruktion	Im Bezug auf Ort*	Im Bezug auf Zielpublikum
War (7)	Share experiences	Memories (2)	Dom Mladih (2)	youth
Depression (2)	Show the children	Beautiful moments (2)	Youth House (6)	Sarajevans families
Finally ended		remeber		children
Don´t have water				Eltern
Don´t have eletricity				We (11)
Constant shooting				
horrible				
Hard to survive				
Destroyed (2)				
terrible				
18	2	5	8	15
37,50%	4,20%	10,40%	16,70%	31,30%
48	48	48	48	48

* (Kommunikationsstruktur/Begenungssttäten)

29. Beitrag (Dauer: 3'56")

Betroffene Indikatoren:

CB025 Künstler: Ferida Durakovic spricht.

CB024 Jugendliche anwesend: K und L sprechen.

MP006 Förderung der Entwicklung der kommunikativen Kompetenz: „I believe in young people who are capable enough to speak in the name of all young people."

CB014 Gemeinschaftsbetont: "I don't want to travel. I want to stay here and help everybody."

ME005 Realitätsnähe: "But if you are young if you don't have a job, if you don't get a visa to go outside, you cannot do much."

ME001 Inhaltlich korrektes Vorgehen: "If there´s a person, hast to be strong enough to talk about economy, to talk about education, to talk about visas, passports and everything which is useful for young people."

MP011 Förderung des Gemeinschaftsdenkens: "The only thing which can help you is for young people from abroad to come here and help you reconstruct the spirit of being together."

Im Bezug auf **Revival Festival**	Im Bezug auf **Konflikt**	Im Bezug auf **Ziel**	Im Bezug auf **Rekonstruktion**	Im Bezug auf **Zielpublikum**
General idea	war	Help everybody	Believe (2)	Young people (8)
		Communicate wishes	Capable	Parents
		Reconstruct spirit	Talk about (economy, education, visas, passports, useful things, future)	People who left
		Being together		A person who...
				Foreign people
				representatives
1	1	4	4	**13**
4,30%	4,30%	17,40%	17,40%	**56,50%**
23	23	23	23	**23**

30. Beitrag (Dauer: 0'51")
Betroffene Indikatoren:
CB011 Desintegrierende Position: „People in the world see Bosnia like: 'Oh, That's the black hole!'", "That Bosnia is so fucked up, that people are escaping to other countries."
SO013 Vermittlung und Förderung eigener Werte: "We have great bands, great artists, great writers, great music, great letters, we have everything."
CB024 Jugendliche anwesend: L, K, A16 sprechen.

Im Bezug auf **RevivalFestival**	Im Bezug auf **Zielpublikum**
Festival	We (10)
	The world
1	11
8,30%	**91,70%**
12	12

31. Beitrag (Dauer: 0'46")
Betroffene Indikatoren:
ME005 Realitätsnähe: „People are waiting for wonders and wonders dont happen easily."

MP011 Förderung des Gemeinschaftsdenkens: "We are together, then we can make something, if we are not together we can't do anything."

Im Bezug auf **Rekonstruktion**	Im Bezug auf **Zielpublikum**
Together	people
	We (5)

32. Beitrag (Dauer: 0'35")
Betroffene Indikatoren:
CB025 Künstler: Ferida Durakovic spricht.
ME006 Abstraktheit: „The wind of change, we'll wait."

Im Bezug auf **Ziel**	Im Bezug auf **Ort***
Talk about (wind of change) (2)	Youth house
Stronger	

* (Kommunikationsstruktur/Begenungssttäten)

33. Beitrag (Dauer: 0'56")
Betroffene Indikatoren:
SO006 Gegenwartsorientiertheit: „It's time for this hall to be returned to us.", "Now".
CB025 Künstler: „Darko Rundek & Cargo Orkestar concert" (Balkan Star).
MP022 Ausgrenzung bestimmter Gruppen vom Inhalt: „Them" (old people).

Im Bezug auf **Zeit**	Im Bezug auf **Zielpublikum**
Its time	Youth (2)
	„them"
	Us (3)

34. Beitrag (Dauer: 0'17")
Betroffene Indikatoren:
CB025 Künstler: Ferida Durakovic spricht.
MP001 Thematisierung der Selbsorgansation: „If you make it again, then it's the sign that the first one was good."

Im Bezug auf **Revival Festival**
Again (2)

35. Beitrag (Dauer: 0'20")
Betroffene Indikatoren:
CB024 Jugendliche anwesend: K spricht.

36. Beitrag (Dauer: 1'15")
Betroffene Indikatoren:
CB024 Jugendliche anwesend: Z und K sprechen.
SO006 Gegenwartsorientiertheit: „In May 2006 never took again."
ME005 Realitätsnähe: "The future purpose at Dom Mladih remains unknown at least to the youth."
ME002 Informationsvermittlung: "Revival has been and now it´s gone. Nothing happened."
MP008 Betonung der Medienbildung: "I want to do but how?"

Im Bezug auf **Revival Festival**	Im Bezug auf **Ort***	Im Bezug auf **Zielpublikum**
Never again	Dom Mladih	youth
Revival gone	Youth house	Some people
Nothing happened (2)		kids
Project		We (2)
		Old people

* (Kommunikationsstruktur/Begenungssttäten)

37. Beitrag (Dauer: 0'28")
Betroffene Indikatoren:
CB024 Jugendliche anwesend: Lamija spricht.
MP001 Thematisierung der Selbstorganisation: „Things don´t change if you dont do anything."

Im Bezug auf **Ziel**	Im Bezug auf **Rekonstruktion**
Join me	Activist group
	Dont be pessimistic
	Change
	Shout (4)

Anhang 7

Tabelle Erhobene Daten – Indikatoren

Dimension	%	Absolut	Indikator	Beschreibung
CB	0	0	CB001	Religion
CB	0	0	CB002	Gender
CB	0	0	CB003	Ausbildung
CB	0	0	CB004	Einkommen
CB	0	0	CB005	Menschen mit Behinderung
CB	2,63	1	CB006	Altersgruppe
CB	5,26	2	CB007	Ethnie
CB	2,63	1	CB008	Berücksichtung der Zivilgesellschaft
CB	0,00	0	CB009	Darstellung des Friedensprojekts
CB	5,26	2	CB010	Integrierende Position
CB	23,68	9	CB011	Desintegrierende Position
CB	0,00	0	CB012	Schichtspezifische Ausrichtung
CB	2,63	1	CB013	Thematisierung der Minderheit
CB	15,79	6	CB014	Gemeinschaftbetontheit
CB	5,26	2	CB015	Konfliktverhinderung (Pseudogemeinschaft)
CB	2,63	1	CB016	Suche nach Organisation (Chaos)
CB	2,63	1	CB017	Darstellung der Kommunikationsbarriere (Leer werden)
CB	7,89	3	CB018	Suche nach Problemlösung (keine Gemeinschaft)
CB	0	0	CB019	Gendergerechte Aufteilung
CB	0	0	CB020	Frauenförderung
CB	2,63	1	CB021	Personen verschiedener Ethnizitäten
CB	5,26	2	CB022	Personen mit verschiedenen Standpunkten
CB	0	0	CB023	Vertreter verschiedener Religionen
CB	36,84	14	CB024	Jugendliche
CB	23,68	9	CB025	Künstler
CB	0,00	0	CB026	Schauspieler
68,67	2,63	1	CB027	Firmen
57	2,63	1	CB028	Politiker/Amtsvertreter

SO	2,63	1	SO001	Zeit vor dem Krieg
SO	2,63	1	SO002	Chronologische Gesamtdarstellung
SO	10,53	4	SO003	Konfliktzentriertheit (1992-1995)
SO	0,00	0	SO004	Postkonfliktzentriertheit (1995-2005)
SO	2,63	1	SO005	Zukunftsorientiertheit
SO	7,89	3	SO006	Gegenwartsorientiertheit (ab 2005)
SO	2,63	1	SO007	Gewohnheit
SO	0,00	0	SO008	Glaube
SO	0,00	0	SO009	Riten
SO	2,63	1	SO010	Werte
SO	5,26	2	SO011	Sprachlicher Pluralismus
SO	13,16	5	SO012	Klar erkennbare Ziele
SO	7,89	3	SO013	Vermittlung und Förderung eigener Werte
SO	0,00	0	SO014	Förderung der Integration sozialer Gruppen
SO	2,63	1	SO015	Förderung regionaler Identität
SO	0	0	SO016	Erhaltung regionaler Vielfalt
28,92	0	0	SO017	Bekannt machen regionalen Denkens
24	2,63	1	SO018	Thematisierung der Freiwilligkeit
WB	5,26	2	WB001	Multiperspektive
WB	5,26	2	WB002	Monoperspektive
6,02	2,63	1	WB003	Multikulturalität
5	0,00	0	WB004	Monokulturalität
ME	13,16	5	ME001	Inhaltlich korrektes Vorgehen
ME	10,53	4	ME002	Informationsvermittlung
ME	0,00	0	ME003	Bemühen um objektive Darstellung
ME	5,26	2	ME004	Agressivität
ME	13,16	5	ME005	Realitätsnähe
ME	5,26	2	ME006	Abstraktheit
ME	0,00	0	ME007	Komplexität
26,51	0,00	0	ME008	Kreativität
22	10,53	4	ME009	Thematisierung der Begegnungsstätten
MP	10,53	4	MP001	Thematisierung der Selbstorganisation
MP	7,89	3	MP002	Thematisierung des Wiederaufbaus

MP	2,63	1	MP003	Förderung interkultureller Relationen
MP	0	0	MP004	Betonung europäische Mobilität
MP	0	0	MP005	Vermittlung von Möglichkeiten für eigene Beiträge
MP	2,63	1	MP006	Förderung der Entwicklung der Kom. Kompetenz
MP	2,63	1	MP007	Anregung zu kritischem Denken
MP	5,26	2	MP008	Betonung der Medienbildung
MP	5,26	2	MP009	Anregung zur Veränderung
MP	0,00	0	MP010	Förderung der Bindung an Europa
MP	7,89	3	MP011	Förderung des Gemeinschaftsdenkens
MP	0,00	0	MP012	Förderung des Gemeinschaftsaufbaus
MP	0,00	0	MP013	Anwenderfreundlichkeit und Benutzer-freundliche Gestaltung
MP	2,63	1	MP014	Nutzbarkeit ohne Vorkenntnisse
MP	0,00	0	MP015	Möglichkeit zur Interaktion mit/Partizipation des Rezipienten
MP	0,00	0	MP016	Möglichkeit der Sprachenvielfalt
MP	0,00	0	MP017	Möglichkeit der Nutzung für Rezipienten aus anderen Kulturkreisen
MP	2,63	1	MP018	Einfallsreiche, innovative/mutige Gestaltung
MP	0	0	MP019	Sachliche Gestaltung
MP	0	0	MP020	Nutzung der Gestaltungsmöglichkeiten des Mediums
MP	0	0	MP021	Reichweite
MP	7,89	3	MP022	Ausgrenzung bestimmter Gruppen vom Inhalt
26,51	0	0	MP023	Zukunftsweisende Nutzungsmöglichkeit
22	10,53	4	MP024	Vermittlung von Kommunikationsstruk-turen

Zusammenfassung

Diese Arbeit mit dem Titel Medienpädagogik und gesellschaftliche Entwicklung ist eine Untersuchung über kulturelle Projekte als Bildungsmittel, im Sinn der gemeinschaftlichen Selbstorganisation und des Wiederaufbaus der Kommunikationsstruktur in Gebieten, die durch Kriege zerstört wurden.

Drei Forschungsfragen werden in Kapitel 1 vorgestellt. Sie wurden mithilfe der folgenden Konzepte beantwortet:

Das Konzept *Community Building* nach Scott Peck wurde in Zusammenhang mit dem Konzept von Selbstorganisation, das von Faßler geprägt wurde, bearbeitet. Im Kapitel 2 geht es um die Entstehungsphase einer echten Gemeinschaft und die Ansätze, wie sie weiter bestehen kann. Die Selbstorganisation ist im Kapitel 3 als eine Selbstbeobachtungskategorie, die die Kommunikationsprozesse einer Gemeinschaft beschreibt, dargestellt.

Medien werden in Kapitel 4 bearbeitet. Bei dieser Untersuchung wird die Funktion der Medien folgendermaßen verstanden: Medien als ein Ort, als Vermittler und als Unterstützung einer Gemeinschaft. Der Experte Dr. Tarik Jusic, Programmdirektor eines Medienzentrums, wurde in Sarajevo interviewt.

Im Kapitel 5 werden Medienpädagogik und die Medienkompetenzen betrachtet und ein Interview mit dem Schweizer Privatdozenten, Prof. Dr Daniel Süss, bringt das Thema mit zerstörten Gebieten in Zusammenhang.

Der Dokumentarfilm als Bildungsmittel wird in Kapitel 6 behandelt. Anhand des Konzepts von Medien als Bildungsmittel wurde das Nachkriegsgebiet als Beispiel für die Untersuchung verwendet, weil die Inhalte, die durch Medien vermittelt werden, für einen erfolgreichen Rekonstruktionsprozess sehr wichtig sind.

In Kapitel 7 wird das Revival Festival als Gegenstand der Inhaltsanalyse vorgestellt und die Zusammenarbeit erklärt.

Eine Inhaltsanalyse des Dokumentarfilms Revival, der während des Revival Festivals im Jahre 2005 gedreht wurde, wurde als Methode ausgewählt, wie man in Kapitel 8 erfahren kann. Es wurden 5 Dimensionen gebildet, die als Quelle für 11 Kategorien dienten, welche wiederum in 83 Indikatoren eingeteilt wurden.

Die Ergebnisse werden in Kapitel 9 vorgestellt; 12 Beiträge wurden analysiert. Des Weiteren wurde die Häufigkeit der Wörter in den gesamten Beiträgen erhoben. Zum Schluss wird vor den Schlussfolgerungen das Modell Medienpädagogik und gesellschaftliche Entwicklung als Beitrag vorgestellt.